智慧的运作

——经商的实用运作策略和技术

欧海青　著

企业管理出版社
ENTERPRISE MANAGEMENT PUBLISHING HOUSE

图书在版编目（CIP）数据

智慧的运作：经商的实用运作策略和技术/欧海青著.
--北京：企业管理出版社，2018.8

ISBN 978-7-5164-1752-2

Ⅰ.①智… Ⅱ.①欧… Ⅲ.①商业经营 Ⅳ.①F713

中国版本图书馆CIP数据核字（2018）第150310号

书　　名：智慧的运作——经商的实用运作策略和技术
作　　者：欧海青
责任编辑：张　平　田　天
书　　号：ISBN 978-7-5164-1752-2
出版发行：企业管理出版社
地　　址：北京市海淀区紫竹院南路17号　　邮编：100048
网　　址：http：//www.emph.cn
电　　话：编辑部(010)68701638　　发行部(010)68701816
电子信箱：qyglcbs@emph.cn
印　　刷：北京宝昌彩色印刷有限公司
经　　销：新华书店
规　　格：170毫米×240毫米　16开本　13.75印张　185千字
版　　次：2018年8月第1版　2018年8月第1次印刷
定　　价：39.80元

序

我们为什么要做企业家？因为当历史的车轮驶入社会主义市场经济的轨道时，支撑市场经济的便是众多企业组织中的众多员工；而推动市场经济前行的队伍里，有这些令人尊敬的企业家的身影。

这是因为社会上很多人自觉或不自觉地将成为企业家看作一个人成功的第一标准，以至于越来越多的人加入自主创业的行列之中。

这是因为21世纪就是一个造就企业家的世纪。由于未来社会日趋复杂，只有个体才能克服创意、自主和弹性的瓶颈，如果没有主观的个人就没有创新，思考模式也就无法脱离习惯与常规。

这是因为当许多上班族渴望拥有更独立自主的人生时，加入自主创业的大潮之中，正是每位上班族的新机会，也是一个全新的挑战。

这更是因为选择经商，选择自主创业会使自己感觉生活得更有希望，生活得更有尊严，生活得更有价值。然而，当我们面对着各种各样的问题时，又该怎样起步？怎样具体运作？怎样才能使自己的事业红红火火？怎样才能走向创业成功的彼岸？怎样才能拥有令人羡慕的财富？——走进本书所叙述的内容，也许能寻求到您所需要的帮助。

如果您已经创业成功或已经是一位拥有很多财富的成功企业家，您可能更多需要的是如何才能使自己的经商事业或所创办的企业能够持久地经营盈利和持久地成功；如何才能使自己所创办的企业始终是市场经济主流队伍中的一员——您也许可以在本书企业危机管理的内容叙述中寻求到自己所需要的答案或帮助。

当您阅读本书后，您会注意到，本书所叙述的很多在经商或经营企业的过程中所运用的运作方法、策略和技术，都具有很强的思维启发性、实用性和可借鉴操作性，其中一些实用的运作方法、策略和技术，也许会让您有一种超值的享受和相见恨晚的感觉。

望本书能为您带来力量，能为您提供帮助，能得到您的喜爱！

欧海青

2017 年 4 月 2 日于南宁

目 录

第一章　钱该怎么赚

人们为什么对富豪感兴趣？因为他们是财富的象征；是成功的象征；是尊严的象征！走进以下的叙述，你将可能迅速成为财富的拥有者；你将可能迅速与富豪拥抱；你将可能迅速成为新时代的宠儿！

一、经典奉献：如何利用策略赚钱

老曾从企业出来后，在高档的梅凡小区开了一家北岛超市。他见人就说“超市多难做啊！生意多难做啊！每个月都在赔钱”，就怕别人知道，他这个小超市其实每月利润都有两三万元之多！就在他偷偷摸摸闷声发财的时候，小区内又新开了一家胜业超市。

胜业超市的出现，使老曾变得愁眉苦脸，这家新开的超市不会别的，就知道靠低价竞争！你一根大葱卖 7 角，他就卖 5. 9 角。虽说这个高档小区内的消费者对价格不敏感，但相同的东西便宜点，谁都乐于接受，尤其是同质化的东西，如娃哈哈纯净水、雕牌洗衣粉、可口可乐等，确实应了那句老话——“没有 2 分钱买不走的忠诚度”。

眼看着北岛超市的生意，在胜业超市的进攻下一天一天地跌落，老曾再也坐不住了，便使出了第一套组合策略，即“方便”策略和“来就送、买就赠”策略。

所谓“方便”策略，就是老曾规定：凡单次购买 6 元以上，或上个月购买超过 15 次，或累计消费 90 元以上，均可免费送货。哪怕你在炒菜时仅需要一根 7 角的大葱，也能享受此项服务。

虽说类似的单笔交易可能不划算，但这一策略却有效地满足了顾客方便快捷的购物需求。

所谓“来就送、买就赠”策略，就是老曾规定：凡到北岛超市，即使不购物，也要送小礼物，如带小孩来，可送小孩一个气球；若购买了价值不等的商品，可获赠价值不同的赠品。在北岛超市购物，天天有特价，天天有惊喜。与相关的厂家合作，每天在特定的时间推出一定数量的特价商品，售完为止，其价格往往略高于或等同于商品的成本；若顾客一次性购物价值达到规定的数额，还可免费抽奖一次，中奖率为 100%，其奖品包括几角的小礼物到上千元的彩电、冰箱等。采取这一策略，则是为了提升超市卖场内的人气。

你还别说，老曾这一组合策略的运用，一下子使北岛超市变得忙碌起来，忙着送货，忙着接购货送货的电话，忙着应对接踊而至购买特价商品的人群。这使得顾客对北岛超市的忠诚度大大提升。

在小区内居住的小周炒鸡蛋时，发现家里没葱，打个电话，6 分钟后，一根 7 角的葱就送上门了；没油、没西红柿，也是快速送货。偶尔去北岛超市卖场内感受一下购物的气氛，感觉其人气旺盛的程度不亚于大型超市。自此以后，小周和小区内的许多人几乎就没怎么去过离家不远的沃尔玛，那里虽大，但得排队；更因为那里的商品 80% 都是他们不需要的，而他们需要的 20% 的商品，在北岛超市都有了！这样一来，他们为什么不享受方便？为什么还要为买洗发水这类东西专门下趟楼，或走 25 分钟去沃尔玛呢？

蒜、葱、洗衣皂能有多高的利润？有利润高的啊！例如，品牌化妆品、保健食品、红酒等，在小超市里，整整一面墙都摆满了红酒，国产的、国外的都有，价格从一二百元到七八百元不等；一瓶红酒的利润，是不是超过了一大箩筐的大蒜？

不过，老曾的这一组合策略，很快就被胜业超市模仿运用。

门槛低，当然竞争者跟进模仿就很迅速。通俗地说，就是四岁的小孩子赚到了金元宝，谁不想抢啊？

经过思虑，老曾使出了第二套策略：价值置换策略。首先用促销品的价值，解决消费者担心的风险问题；其次，用主销品实现超值体验，形成有震撼力的促销效果；通过促销品获得的成本优势，最终实现超额利润。

例如，北岛超市在“高档鞋油 5 元一盒试用，买 2 盒送雨伞”的促销活动中，不到一个月，3000 多盒鞋油就被抢购一空。一盒鞋油的进价才 0.5 元，一把雨伞的批发价不过 4 元，这样一个“买二送一”套餐的成本就是 5 元，稳赚 5 元，这样一来，就创造了 8000 多元的利润。

分析其成功原因有三方面：第一，盘活存货的基础和药引。在当地，最便宜的雨伞也要 10 元，对于消费者来说，雨伞和 10 元钱是等价物。由于消费者很容易判断伞的好坏，因此，促销活动几乎没有吃亏上当的风险。第二，雨伞在本地是生活必需品，因此很受欢迎。第三，这款鞋油被宣传成高档品，消费者都有捡大便宜的心理。这三点加起来，自然是无法抗拒的诱惑。

明则卖鞋油，实则卖雨伞。消费者的感觉是花 10 元钱既买到了雨伞，又得到两盒高档鞋油。雨伞补偿了消费者的付出，使之成为无风险交易，而所谓的高档鞋油产生效用溢价，让消费者感觉占了便宜。正是通过这种价值置换，使促销变得极具吸引力。

老曾私下打探到，胜业超市也曾尝试过类似的促销，但最终的结果却很不理想，其原因就在于未能弄懂价值置换背后的真谛。实行价值置换策略，必须遵循以下两点原则：

（1）明晰性原则。被赠、被搭、被联合的促销品，质量越标准化，价值越容易看到，效果越好，如案例中的雨伞。

（2）模糊性原则。主销品质量越不标准化，价值越难判断，价格变动范围越大，价值体验越强，则越有利于促销方案的高利润定价。反之，如果主销品的价值清晰可见，则无法实现震撼效果。主销品必须要给消费者留有想象空间。在鞋油销售中，高档鞋油几十元到一二百元一盒的都有，这相对于消费者的付出成本，冲击力就非常大了。

价值置换策略的实行，使得北岛超市卖场的人气更加旺盛。为了稳固和增强所形成的竞争壁垒，老曾在实行价值置换策略的同时，还开始注重自身能力的增长和提高。

老曾发现，自己的顾客群，尤其是核心顾客群，都是一些高收入、高学历、30~55岁的人。这些人有一个共同的特征，就是非常注重生活的品质。于是老曾使出了他的第三套策略："绿色"策略。在北岛超市大打"绿色牌"。

送货员将小周购买的西红柿送到他家时，就特意叮嘱小周说："这些西红柿比上个星期的贵了两倍呢，不过可是'有机蔬菜'，完全无农药、无化肥。您生吃一个，就知道味道比那些化肥催起来的新鲜多了。"小周一试，嘿，还真是。就这样，小周后来买西红柿、土豆等，都点名要有机蔬菜了。老曾则趁势大批量地引进有机蔬菜，在满足顾客"绿色"需求的同时，也给自己带来了丰厚的利润；而且因为大打"绿色牌"，使得北岛超市逐渐在消费者的心中，区别于另一家超市，树立起"健康"的形象。

另外，老曾还发现了一个竞争对手胜业超市暂时比不了的优势——红酒销售。因为红酒销售人员必须懂红酒才行，而培训一个红酒销售员通常需要几个月的强化培训：产地？年份？风格？是黑莓子还是偏巧克力风味？葡萄的种类？每一种类有哪些特征？……竞争对手一时半会儿难以将这些东西确定，而这恰恰是利润的主要来源之一。这时，北岛超市还强化了营业员其他产品知识的培训，特别是利润空间大的产品知识的培训，以便和竞争对手胜业超市形成有效的区隔。

当老曾了解到，在梅凡小区，很多顾客都没有时间交水电费、电话费、给燃气卡充值……总之，他们都是一群有钱没时间的人，老曾便决定使出他的第四套策略：“小管家服务”策略，即推出代客户交水电费、电话费、充燃气卡等的“小管家服务”。

通过免费送货上门和卖红酒培养起来的沟通能力和信任感，而且不额外收费，老曾把方便策略从商品拓展到服务。

这个阶段，虽然服务本身赚不到钱，但“交易机会”大幅增加：从你家拿燃气卡时，发现你家洗洁精用光了，晚上把充好的燃气卡送回时，“顺便”给你带一瓶洗洁精，你肯定会感谢不已。

随着服务能力不断提升，以及顾客对北岛超市的日益信任和忠诚度的增加，这时的北岛超市就像一个小管家，顾客无论有什么小需求，都会交给北岛超市代办。

老曾深知，拥有客户资源，就能转化为利润，便趁机推出了帮顾客订酒店服务。这不仅使顾客获得了优惠，同时又使自己拿到了佣金。

此后，老曾不断拓展新的服务：皮鞋养护、小时工的清洁服务、介绍保姆……这些新的服务，使得北岛超市一下子财源大开。

这样一来，北岛超市和它的竞争对手胜业超市之间壁垒形成了，级别拉开了，胜业超市也悄悄地关门消失了。

后来，虽有多家超市进驻小区，但老曾凭借自己的营销策略，让它们通通铩羽而归，最终牢牢地垄断了小区的顾客，垄断了小区的生意，也使自己跨进了富人行列。

二、如何利用产品的概念赚钱

▲要点提示 1：什么是概念赚钱

概念是产品可以解决消费者未满足需求的一种承诺，是产品定位的一种差异化表现。用概念赚钱，就是通过利用、挖掘新的概念，赋予产品极为鲜明的特征，从而吸引目标顾客群，这是商战中兴起的一种很有威力的赚钱“武器”。

如今越来越多的商品开始大打“概念”牌，同样是青菜、南瓜、冬瓜、茄子、西红柿，如果是普通的产品，可能每千克只卖3.2元。但是如果种植的是“绿色蔬菜”并取得了相关认证，可能每千克就能卖到6.4元，甚至更高的价格，并且买的人还很多。同样是卖家电，无论功能怎么变，款式怎么变，利润已降至最低，但是一些率先打出“绿色家电”概念和“数字化家电”概念的产品，还硬是从现有的家电市场中大赚了一笔，所获利润比卖普通家电高出近一倍。同样是卖房产，当不少房地产商仍把“卖点”放在住房本身上，例如，价格、地段、质量、户型、外观装修等要素时，一些房地产商则开始打“回归自然”的概念牌了。如某房产公司打出“欧洲乡村庄园”的概念，这种概念下的房产，如果单从住房的户型和质量上看，虽有其特色和标准，但与其他房产公司相比并无多大差别，并且该公司的房产往往位于城市的近郊，也是很难卖上价的地方。但他们把住房的价值功能扩大了，同人的生活环境和追求绿色自然的价值观念结合起来，住在这样的别墅式公寓里，住房周围都是大片的绿色花草，平而宽的通道交错其间，甚至有涓涓小溪从旁流过，生活在这里，仿佛就置身于欧洲的一个乡村庄园。这样就吸引了相当一部分认同西方生活方式的中青年白领高薪阶层入住，其价格不但并未走低，有的甚至可以和市中心地段的房价相提并论。

不要以为只有那些大企业才可以靠概念赚钱，小企业同样可以靠概念赚钱。广州一位生产玩具的小企业主黎女士发现，很多女性朋友都喜欢养宠物小狗，特别是一些单身成年女性更是如此，大概是可以寄托自己心理上的某种情感吧，如对异乡亲人的思念。但其中很多人因喂养宠物很麻烦而不能如愿，这激起了她想要制作别具一格的宠物小狗玩具的欲望。不同的是，她先给这种玩具赋予了一个概念，即这个宠物小狗玩具能满足某些女性情感的某种需求，是一个充满温情的玩具宠物小狗。她给自己加工制作的这些玩具宠物小狗分别取大名和小名，小名大多与蔬菜有关，如有的叫“土豆”，有的叫“空心菜”，有的叫“辣椒”，象征着绿色与生命；有的大名则按西方人的名字取名，如有的叫“杰克”，有的叫“罗兰”，有的叫“雅克”等。这些玩具宠物小狗大多由手工制作，有近百个造型。

这些玩具宠物小狗，有着不同颜色的毛发和容貌，可以满足不同消费者的需要。为了与人们产生情感上的沟通，黎女士还在每个玩具宠物小狗身上挂了“身份卡”，上面写有姓名、小名、出生日期、出生地、家族状况等。至此，一种具有鲜明概念包装的玩具宠物小狗就面市了。这些玩具宠物小狗仅推出3个月，就创下销售3万只、销售额超过200万元的佳绩。

▲要点提示2：产品概念赚钱成功的奥秘是什么

用概念赚钱，成功的奥秘就在于：概念的开发过程就是对市场和消费者的再认识过程，发掘消费者尚未被满足的需要，并与竞争品牌区别开来。概念不是凭空编造的，而是知识的结晶，经验的聚合，想象力的硕果。在实际的运作中，要做到：①充分了解目标客户群的实际需求。②将符合这种实际需求的产品同目标客户最为欣赏和追求的概念联系在一起。③任何的概念赚钱都需要一套自圆其说的理论支持，即所谓“机制”，否则是无本之木，就很难取信于消费者。④靠概念赚钱，概念的开发就要尽可能提前，至少与产品的研发同步，而不要等到连包装都印好了才想起来做。例如，在营养保健品领域中，消费者更加注重产品的科技含量和权威部门的认可程度。因此，生产出那些科技含量高、功效高、安全系数高的概念，如“绿色”“健康”“延缓衰老”等产品，就容易被消费者接受。而在时装、化妆品领域中，能包含“新潮”“时尚”“天然”“环保”“炫丽”“酷帅”等要素的新概念产品更能吸引目标消费者。

▲要点提示3：如何开发研制“概念”产品

如何开发研制“概念”产品？在实际的商战中，开发研制创造概念来赚钱的具体做法有很多。例如：①延伸法。即对现有产品的功能深入挖掘，以满足消费者的潜在需求。②嫁接法。当今的社会舆论特别关注环保问题，有些企业就因势利导、及时制造出符合环保概念的产品，如环保装饰材料、环保家具、无公害蔬菜等。③服务差异法。如拥有洗发水品牌最多的企业——宝洁公司就是一个通过不断开发、创造概念推进服务，细分市场，大把赚钱，并把市场做大的赢家。怡神舒爽型、滋养护理型、丝质柔滑型、洁净呵护型、去屑润发型，以上这五种“类型”是著名洗发水品牌海飞丝的系列产品。不知道有没有人统计过，自海飞丝创立品牌以来，向消费者提供了多少种不同“类型”的差异性服务。

三、如何利用市场细分赚钱

▲要点提示：利用市场细分赚钱的方法

所谓市场细分，是指根据一定的标准将整个市场划分为若干个需要不同产品的小市场。这样做有利于经营者发现最好的市场机会，可发现哪些消费者的需求已获满足，哪些需求还未满足，特别是要注意对那些竞争者未引起注意的细分市场，加以细分；有利于生产企业按目标市场的需要改良原有产品和开发新产品，以适销对路；商业企业可根据目标市场调整经营结构，增加新品种；有利于根据目标市场的要求制定和调整营销组合方案，把有限的资源集中在目标市场，提高产品的知名度和市场占有率。这是一种在商战中，越来越多地被经营者使用的竞争利器。

在菜市场摆摊卖菜的老龙，经过几天的观察，发现自己和很多卖菜摊位生意不好的主要原因是菜的同质化现象非常严重，而那些较好的卖菜摊位，有的是靠货的新鲜取胜，有的是靠货的卖相好取胜，有的是以菜的价格便宜取胜。这说明消费者的消费需求有着不同的喜好。老龙决定把消费者的需求进行市场细分，确定不同的目标市场，然后细化菜的卖点，提供有针对性的服务。

老龙发现消费者在菜市场买菜主要有三方面欲求：①倾向于买好的，无论是菜的质量、外观还是新鲜度都要好。②倾向于菜的价格合理或便宜。③倾向于方便性，菜买回去略做加工就能下锅。于是，他每天都准备了不同类型的产品：有刮尽皮的芋头、土豆等，折成小节的棒豆、豆角，去了壳的豌豆、毛豆，削尽皮切成小块的冬瓜、南瓜、线瓜等半成品蔬菜；有已经进行过一番整理，漂漂亮亮摆上货架陈列出售的蔬菜；还有较小个的（如芋头）或卖相不太好的蔬菜则标出较便宜的价格。那些经过整理加工（如刮尽皮的芋头等）或卖相好的产品虽然价格贵一点，但却很受那些时间紧的上班族和腿脚不太灵便的老人喜欢。连一些单位食堂和餐饮店也乐意在老龙这里订购蔬菜，从此老龙也开始兼做起蔬菜的批发生意。

自从老龙对蔬菜进行市场细分后，老龙的生意逐渐变得火爆起来，日销售蔬菜由以前的每天几十千克，上升到几百千克，进而达到几吨，月赚 2 万元。市场细分也使老龙一下子从一个小摊主跃升为拥有自己公司的经营者。

对市场的细分过程，实际上就是一个用“望远镜”将市场空间变窄、变小，再用“显微镜”将其做大的过程。在实际中，市场细分可根据不同的情形、依据不同的标准进行划分，例如，可以按消费者类型、购买行为、对产品的忠诚度等因素细分，也可按价格、地理、人口等因素细分。

要想使自己的市场细分能够赚到钱，经营者必须做好两点：①要先确定出细分后的顾客有多大价值。如果顾客有较强的购买欲望和支付能力，价值就大。否则，尽管你知道目标顾客需要什么，但他们买不起、买不多，经营者进行市场细分的意义就不大。②要先了解自己与竞争者的优势。因为现在的消费者大多都比较挑剔，如果自己不能在细分后的市场中，向目标消费者提供比其他的竞争者更有优势的产品和服务，那么经营者进行市场细分的意义也不大。

四、如何利用细节赚钱

常规行业的竞争越来越趋向于细节的竞争，同样，销售的竞争也越来越趋向于细节的竞争；细节决定竞争的胜负。

（一）“重新免费点做”策略使生意走出困境

▲要点提示：赢在细节的战争

下岗后的老吉，在东七里小街租了一间不大不小的铺面，经过简单的装修整理，便挂上了“老吉餐馆”的牌匾，开张营业了。

尽管老吉和老伴做好了生意清淡的心理准备，但是开张以后，他们还是为生意清淡而忧愁，一天的营业额才几十元。老吉尽力使自己着急的情绪稳定下来，认真地分析起来：人们之所以去餐馆就餐，除了填饱肚子外，更重要的是享受那里的美味和气氛。虽然自己的餐馆能加工出美味的菜品供顾客享受，但顾客在品尝之前并不知道菜品的好坏。谁愿意去一家不知道是否能加工出美味菜品和价格是否实惠的餐馆就餐呢？而没有顾客或顾客稀少又哪来的气氛呢？因此，首先要做的是把老吉餐馆能够加工出美味的菜品且价格实惠的信息传递出去，可具体怎么操作呢？

老吉整理了一下自己的思路，觉得应采取的经营策略是“重新免费点做”，即凡是在本餐馆就餐的顾客，只要认为所点做的菜味道不好吃，都可以要求重新再点做。

具体操作方法如下：①凡是在本店点了 1~2 盘菜的顾客，认为菜的味道不好吃，且有一半以上未吃完的，可以在菜谱中任意再免费点做 1 盘与味道不好吃的菜价格基本相同的菜；②凡是在本店点了 3~5 盘菜的，认为菜的味道不好吃，且有一半以上未吃完的，可以在菜谱中任意再免费点做2盘与味道不好吃的菜价格基本相同的菜；③凡是在本店点了6盘（含6盘）以上的菜，认为菜的味道不好吃，且有一半以上未吃完的，可以在菜谱中任意再免费点做3盘与味道不好吃的菜价格基本相同的菜。

老吉让人把这些内容写在一块广告牌上，在广告牌的最上边写上“重要通告”，在重要通告的下面第二行再写上“以实惠的价格，享受美味的菜品”，在广告牌的最底端位置（最后一行）写上“这里的饭菜味道好吃，请告诉您熟悉的人！”。同时还要求广告牌上所写的内容，力求醒目，特别是第一行、第二行和最后一行的内容。这块醒目的广告牌做好后，每天立放在餐馆的店门前，以使餐馆的生意变得兴旺起来。

老吉的这一策略一公布，便遭到了老伴的强烈反对和担心，因为老伴认为，现在的人哪个不贪便宜，只是寻找不到合适的机会而已。而老吉这么做，不是正好给那些贪小便宜的人提供了一个合适的机会吗？他们会名正言顺地借口饭菜不好吃（即使好吃，他们也可以说味道不好），只吃一半，剩下一半，然后要你再重新免费做1盘、2盘或3盘菜给他们；特别是那些只点了1盘菜的人，他们只吃一半，剩下一半，借口说味道不好吃，然后要求你再重新免费做1盘菜给他们吃的可能性最大，因为他们能贪的便宜较多。如果这样做的话，老吉餐馆有可能就会出现，大家整天忙碌不已却不挣钱，甚至亏本的局面。

对于老伴的这种担心，老吉认为是多余的，便耐心地劝说道：“首先，我们要相信自己的厨艺是过硬的，是经得起顾客们的检验的。其次，我们要相信绝大多数的顾客是善良的，吃到好吃的菜，是会继续吃下去的，只要自己的胃装得下，就会吃完，这也是人的本能反应，是不会剩下一多半不吃的；当然，也有味道好，却说味道不好的，故意剩下一半不吃，要求餐馆再免费做1盘、2盘或3盘菜给他们吃，这种情形虽然会有，但肯定是少数，并且会越来越少，甚至消失；再次，你要想一想，现在我们餐馆的生意非常不好，已经没有其他的选择，难道你还有什么好的办法，可以使餐馆走出目前的困境吗？”见老伴沉默不语，老吉继续说道：“虽然这样做，没有100%的把握能使餐馆摆脱目前的困境，但我自己认为六成以上的把握还是有的，即使是一场赌博，我也要坚持赌下去，哪怕可能输得精光，也要翻看最后一张底牌，否则不甘心！这样做总比毫无作为，煎熬难受地等待着餐馆的倒闭关门要好吧！”听完老吉的叙说，老伴长叹一声地说道：“现在也只能如此了，但愿老天能保佑我们餐馆的生意好起来！”

醒目的广告牌在几天后做好，并立放在餐馆门前。开始几天几乎每个过路的人都要往广告牌看一看，想要弄清楚“以实惠的价格，享受美味的菜品”的具体内涵是什么，即“实惠的价格”，到底实惠到什么程度；“美味的菜品”，到底好吃到什么程度。这个时候，老吉或老伴，或者新招来的服务员就会热情地招呼顾客进来尝一尝。

有些人一进餐馆，就直截了当地问道：“你们在广告牌上写的内容，算不算数啊？”老吉或老伴，或者新招来的服务员就会立即答道：“当然算数啊！怎么会不算数呢？”一些人还不放心地继续问道：“如果我们点的菜，觉得味道不好吃，你们真的免费再给我们做1盘菜吗？”“当然会免费再为你们做1盘菜，这个请你放心，我们会按照外面广告牌上所写的内容严格执行。”这时，如果老吉在场，往往是老吉抢先说道，而询问问题的人们，在得到满意的回答后，也基本都在老吉餐馆品尝自己所期待的美味。

抓住顾客的消费心理，这一招的确奏效，老吉餐馆的生意渐渐有了起色。当然在刚开始的一个月，每天故意借口说所点的菜味道不好吃，只吃一半，剩下一半，要求餐馆再免费做1盘、2盘或3盘菜的情形，总有那么几例；多的时候，甚至每天有七八例。好在这种情形，在其后的第三个月基本消失，这是老吉餐馆的味道和真诚征服了顾客的胃，征服了顾客的心，征服了顾客的行为！凡是到老吉餐馆吃过饭的客人，大多还会来第二次，第三次……

老吉餐馆斜对面弄盛餐馆的弄经理见老吉餐馆生意如此好，可坐不住了。

经过暗地详细打探，得知老吉餐馆生意好的原因后，弄经理便立即按照老吉餐馆的策略模式，开始运作起来。可生意并没有出现像老吉餐馆那样好的情形，所赚的利润反而比原来还少。原因是厨师的厨艺跟不上，所做出的菜不能满足顾客对味道的需求。顾客点菜后，觉得菜不好吃，只吃一半或不到一半，要求餐馆再免费点做菜吃的情形，每天总有那么八九例；多的时候，甚至每天有十几例。弄经理无奈只好再高薪聘请两个厨艺较好的厨师，这样才使生意逐渐地兴旺起来，几个月后，基本上与老吉餐馆打了一个平手。

当老吉得知斜对面的弄盛餐馆是模仿自己的运作策略，才有这么好的生意时，一点也不感到意外——门槛低，当然竞争者跟进模仿就很迅速。

（二）“细节经营”策略击败竞争对手

针对竞争对手的逼近追上，老吉采取感觉经营策略（或称为细节经营策略）。具体运作的方法如下。

①对用餐现场的打造。将碗筷消毒柜改为专门定制的透明消毒柜，所有清洗过的碗筷均在此进行高温消毒；将菜谱中所供应的鱼类，用透明的鱼缸盛着，让它们能够在鱼缸内自由地游动；将餐馆菜谱中所供应的各种菜品的样品标明新鲜度和营养成分，放置在透明的冰箱中。这一切，在顾客用餐大厅都可以看到。目的就是使顾客看着顺眼顺心，吃着放心踏实，心里感觉舒服；使顾客明明白白地消费，放心享受美味。

②在服务上，老吉特意从大学请了一位公关老师，每周利用两个晚上的时间，对餐馆的服务员轮流进行有针对性的培训；制定了新的服务规章制度，如规定服务员要对3米以内的顾客微笑，要认真、通俗易懂地回答顾客的提问（包括菜品及相关问题），不能说“不知道”，哪怕

再忙，都要放下手中的工作，回答顾客的提问。这就使得老吉餐馆在“软件”方面上了一个台阶。

感觉经营策略（或称细节经营策略）的运作实施，使得老吉餐馆的生意比以前更加兴隆，每天的营业时间不得不延迟到第二天的凌晨4点。

然而弄盛餐馆与顾客采取的仍然是“隔墙沟通”：碗筷消毒用的是碗筷消毒机，这使得一些多疑的顾客在心里可能会问：“这些碗筷真的消毒了吗？现在假冒伪劣的碗筷消毒机可很多！”这就会出现手上用着碗筷，心里感觉不放心不舒服的现象。而厨房的小门上“厨房重地，顾客止步”的字样，同样会使一些多疑的顾客在心里想：“为什么顾客就不能进厨房看一看呢？菜品的卫生新鲜度及质量真的有保障吗？现在媒体经常曝光一些餐馆用伪劣的原材料加工菜品出售给顾客的现象。”这就会出现嘴里吃着美味，心里却感觉不放心、不踏实的情形。

弄盛餐馆服务员的服务质量更是堪忧。在弄盛餐馆的用餐大厅会经常看到，一些服务员在顾客点完菜后，仍然一味地追问顾客还需要点什么菜，或者自得其乐地介绍什么菜品如何好，这会使顾客很烦恼，进而影响顾客的食欲。

一天，几位客人来到弄盛餐馆就座后，其中一位拿起菜谱，点了几个冷盘后，便犹豫起来，不知点哪道菜好，就转身询问站在后面的服务员小易：“服务员，请问你们这里有些什么海鲜菜肴特别好？”“这，”小易一时回答不上来，“这就很难说了，本餐馆海鲜菜肴品种档次各有不同，价格也不同；再说不同客人的口味也不相同，所以很难说哪个海鲜菜肴特别好。反正菜谱上都有，您还是看菜谱自己点吧。”小易虽说得头头是道，但那位点菜的客人听了不免有些失望，然后应了一句：“那好，我们还是先到别的餐馆去看看吧！”随即起身走出了餐馆，另外几位客人也跟着起身走出了餐馆。

上述客人失望、不愿意在弄盛餐馆就餐消费的情形，是由于这位服务员不注重细节所致，即服务员在客人有需求的时候没有提供推荐菜品的服务。不推荐菜品，首先，对于餐馆本身的餐饮销售是不合适的；其次，对于客人来说，不能了解到菜品的特点，对餐馆的服务也会感到不满。服务员在被要求推荐菜品的时候，可以推荐本餐馆的招牌菜和其他顾客反响比较好的菜，并对这些菜品的特点进行详细的介绍，比如辣的程度、口味怎样、做法等。这样一来客人就为得到如此详尽的服务而感到心情舒畅。

这些细节问题的存在，在悄悄地损害着弄盛餐馆的“健康”和形象，使弄盛餐馆的生意一步一步地滑入低谷。原来晚上 12 点还热闹非凡的就餐大厅，现在到晚上 10 点就略显人气不足了，从而使得弄盛餐馆在与老吉餐馆的竞争中处于劣势。

到第二年刚进入初夏，老吉餐馆就早早地安装了空调，关闭了玻璃门，门上写着“空调正在开放，请进”的字样，使得附近几家餐馆的客源迅速地流向老吉餐馆。本来生意就很好的老吉餐馆，这时可以用生意火爆来形容，有时顾客需要很长的时间才能等到座位。老吉后来私下打探到，斜对面弄盛餐馆的弄经理已决定换掉电风扇，过几天就购买新的空调。殊不知，这短短的几天，就造成了弄盛餐馆“生意不好”的印象，自然也会让人联想到其质量或服务有问题。新顾客来此，见两家餐馆，一家冷落一家兴旺，自然选择人气旺盛的。人气旺盛在很大程度上能证明品质，这就是细节作用的力量。

决定性的一战是“罗条鱼”大战。原来老吉餐馆采购一种进价为 18 元/千克的鲜活罗条鱼，加工成菜品“酸甜罗条鱼”后，每盘酸甜罗条鱼按 21 元出售给顾客；但弄盛餐馆为了降低经营成本，采购进价只有 4 元/千克的死罗条鱼，加工成菜品“酸甜罗条鱼”后，每盘酸甜罗条鱼也按照 21 元出售给顾客。这一消息被老吉得知，他立即做出了一个令大家都感到意外的决定，即将每盘酸甜罗条鱼由原来的 21 元降价为 17 元。

对比的效果是立竿见影的。顾客很快从“酸甜罗条鱼”这道菜的外观色泽、口感味道中感觉到老吉餐馆是货真价实的“酸甜罗条鱼”，而弄盛餐馆是“掺有水分”的“酸甜罗条鱼”。几天后，老吉餐馆的菜品“质量好，味道好，价格低”的消息传遍了小街周边的单位和居民小区。经此一役，战局发生了根本性的改观，弄盛餐馆的生意一落千丈，而老吉餐馆的生意却是直线飙升，不得不改为24小时营业。

不久，老吉又将两边相邻的店铺都给租了下来，重新装修店面，其中一家较大的店铺用来专做快餐。

在决定性的一战过去了半年后，弄盛餐馆因生意清淡，并发生债务危机而倒闭了，而老吉餐馆因顾客多而不得不二十四小时营业。

在现实生活中，同类型的商店，店面大小、装饰、品位、质量、地理位置等各种条件都相差无几，但有的店生意就是要红火得多，究其原因在很大程度上是因为一些容易忽视的细节。看来做餐饮这样的常规生意，与同行的竞争在很大程度上可以说是细节的竞争，细节决定竞争的胜负。

常规行业的竞争越来越趋向于细节的竞争，同样，销售的竞争也越来越趋向于细节的竞争；细节决定竞争的胜负，细节决定生意的好坏。小到一些摊贩，也会因经营者的和善微笑而比别人赢得更多的顾客；或者一些米粉摊点，也会因比别人摊前多了一个小小的碗筷消毒柜而赢得更多的顾客。

这时的老吉已经领悟到：做餐饮，不仅仅是做味道，也是在做细节，做服务，做人气，做口碑！

五、如何利用体验赚钱

▲要点提示：利用体验赚钱的方法

所谓体验赚钱，是指经营者以服务为重心，以商品为素材，通过为消费者创造出值得回忆的感受来赚钱。随着体验经济时代的到来，生产和消费行为都将发生巨大的变化，消费者在消费产品和服务时，已经不仅仅停留在产品和服务本身，而是更加关注自身的感官体验和思维认同。这就要求经营者必须以服务为舞台，以商品为道具，围绕消费者创造出值得回忆的活动，使消费者与经营者建立合作，以此促进经营者达到增加产品销售量，进而赚钱的目的。

速溶咖啡的售价是每小袋（两杯）1 元，要享受咖啡店里的服务就得付 5 ~ 20 元一杯。在星巴克咖啡店，价格却是几十元一杯。对于从未花过几十元购买一杯咖啡的顾客来说，价格可能是一个问题，但是随着他们尝试星巴克这一品牌，他们的感觉就会改变。因为星巴克为顾客提供了一种“星巴克感受”——这就是顾客需要购买的体验价值。为了给顾客增加体验价值，达到最大满意，星巴克提供宣传资料，介绍咖啡的调制方法和各种流行的喝法，如通过加牛奶或奶油用蒸汽加热煮出卡布奇诺咖啡，介绍星巴克的历史及在世界各地种植的咖啡豆种类。通过这种服务方式，星巴克已成功地实现了在全球开拓市场的战略目标。随着实力的加强，星巴克计划在亚洲的销售点由原来的 150 家扩展到 500 家，这正是体验营销带来的结果。

另外，旅游是一种最为悠久的体验消费。曾风靡一时的“陶吧”“采摘节”、徒步旅行、生存体验等，都是体验消费的一种。有人说：“我世纪”已经来临。的确，这个时代对于个性独立、自由思维的张扬使得人们更为注重自己的亲身体验，并利用各种机会去实现这种体验，其中蕴藏着无限的商机。

体验消费已经日益渗透到人们生活中的各个层面，因此发掘体验赚钱的机会也越来越多。在实际中，以下几种类型的体验值得挖掘。①地域和文化风情反差较大的体验，如冰天雪地的东北及其粗犷豪放的民风、民情对锦绣江南的人们的吸引。②惊险刺激的体验，如攀岩、漂流、撞击、某种飞驰等。③生活或生产经验反差极大的体验，如野外生存体验，城里人对乡村生活及干农活的体验。④美化体验，如在德国、美国的一些时装和化妆品店，聘请一些形象设计专家，他们根据顾客的容貌、身体、经济状况等具体情况，为顾客提供整体形象打扮方案，有的还亲自为她们化妆打扮，体验化妆后的效果和感受，极大地促进了时装和化妆品销售。⑤怀旧或童年记忆体验，如儿时的活动、游戏等。⑥某种个人愿望和理想的体验，如想成为影视明星、军人、政界要人、歌唱家等。⑦环境体验，德国的一家蛋糕店，把整个店面设计成一个巨大的蛋糕，“蛋糕”把人们的视线吸引过来，并引发了人们的好奇心。当人们踏进蛋糕屋，一股草莓的香味迎面扑来，令消费者食欲大增，自然不会空手而归。当然还有很多体验类型值得挖掘，只要经营者能把某类体验挖掘出来，并设计好每一个实施运作环节，最终得到消费者的认同和满足，体验就能赚钱。

六、经典奉献：如何利用促销现场力赚钱

为什么以独特商品为卖点的公司，突然拿不出新的热卖产品了？为什么在连锁餐饮店就餐时，会频繁发生点的菜好久也不见上来，没点的菜却上了？为什么在很多的促销现场，人潮涌动，热闹非凡，赚了人气，却难有进账呢？这就是促销现场力的缺失。

什么是促销现场力？所谓促销现场力就是指促销现场（或促销一线）执行任务（含所需的硬件资源，如场地大小，所处位置，所需设施等）的效力，是促销现场（或促销一线）员工自动自发的力量，也是现场（或促销一线）执行人员对细微问题的感受力与行动力。

促销现场力更强调促销现场（或促销一线）员工自动自发的强大力量，这种力量直接关系到促销的效果。从另一个层面上来说，促销现场力也就是促销现场（或促销一线）的执行力。这种促销现场力主要包括：①促销现场的硬件资源，如场地大小，所处位置，所需设施等；

②现场的每个促销人员都应有主人翁意识；③现场的每个促销人员都了解所促销的产品及其他需要了解和注意的相关内容；④现场的每个促销人员都能共享信息；⑤现场的每个促销人员都做实事；⑥现场的每个促销人员都坚持努力；⑦现场促销各环节的协调性和沟通的有效性等。

在实际中，企业可以通过以下几种手段，来建设强化企业的促销现场力（或一线的执行力），以达到盈利的目的。

（1）重视发挥企业促销现场的力量。

企业上下应形成高度统一的认识，重视企业促销现场力的建设，因为这直接关系到企业的产品能否更有效地转化为货币和利润，也直接关系到产品和企业的形象及影响力能否迅速扩大，进而直接影响企业的生存和发展。

因而改善促销现场的运营，特别是改进现场的每个员工和其他为现场服务的相关部门的每个员工的工作方法，是促销现场力建设的重点，并视为这些员工工作的一部分。

这种“每个员工自己工作方法的改进”一个最基本的原则就是：应以顾客的正当需求（包括顾客对产品或服务本身的需求，心理需求，沟通和方便性需求等）和顾客的满意度为准则。

唯英文具连锁公司所属的12家文具商场，都开在靠近有较多中小学的路段，并且每一家文具商场基本上都是所属路段众多其他文具商场和个体文具店中效益最好的。唯英公司在同行中骄人的业绩，究其原因，就是重视所属各文具商场促销现场力的建设，公司考虑各文具商场的主要客户是中小学生，为了满足他们的心理需求，便采取了改进现场运营和员工工作方法的策略来打造强有力的促销现场力。其具体做法如下。

①在招聘文具商场员工时，特意招聘年纪较大、面容和善的中老年妇女。②上班时要求统一穿着公司发放的朴素、整洁的工作服。③对这些年纪较大的员工进行有针对性的培训，培训的重点是如何像慈母一样

对来这里选购文具和相关用品的学生给予关心问候，来满足他们对母爱的心理需求，进而像磁铁般地牢牢吸引住这些学生客户。④要求这些员工每天上班时，面部表情要做到自然和善，注意和学生客户沟通的方式，在问候或沟通中应注意的问题，并要求回顾每一次与学生客户沟通的整个过程是否满意？是否有不妥之处？自己如何改进才能避免不妥或使下一次沟通变得更有效？⑤在物质利益上，这些员工每月除了固定工资外，还有效益提成，强调其不仅在为公司创造效益，也是在为自己创造效益；在精神和社会责任感上，强调他们不仅代表公司的形象，也代表着一个慈爱母亲的形象，应自觉地给学生客户更多的母亲般的关爱和温情。从而提高这些员工工作的积极性、社会责任感和自律意识。

这些策略的实施，在文具商场形成两种强有力的促销现场力：一种是由中老年妇女员工的“年龄、面容、穿着”营造出的一种和谐节俭的内在美感现场力。因而那些以年轻员工为主的其他文具商场和个体文具店的销售业绩，自然就比不过唯英公司所属的各文具商场。另一种强有力的促销现场力，是这些中老年妇女员工母亲般的关爱和温情而导致的客户内心需求满足现场力。来到这样的购买现场，就有回到家的感觉，回到母亲身边的感觉。

这两个强有力的促销现场力，也因此成为唯英文具连锁品牌不易被模仿的核心竞争力。

（2）打破员工之间的隔阂和避事主义，使促销现场力得到充分的发挥。

要实现这一目的：①要使企业的每个员工都明确企业存在的经济价值和社会价值，只有大家齐心协力，才能实现企业的经济价值和社会价值，而只有企业的经济价值和社会价值得以实现，员工个人的经济利益和社会价值才能实现。任何员工之间的隔阂、不信任、不合作都可能阻碍工作的顺利完成，阻碍企业的经济和社会价值的实现，同时也阻碍员工的经济利益和社会价值的实现。

②为员工创造各种交流、沟通的平台（如经常开展各种以“加深了解，增进信任，消除隔阂”为主题的活动），使员工尽可能多的相互熟悉了解，进而变得相互信任，亲如一家，消除存在的隔阂。

③明确各岗位员工的职责，特别是促销现场各岗位员工的职责。对于影响促销现场力发挥的任何问题，哪怕是很细小的问题，都要有人负责，严格奖惩制度，使避事主义的思想或情形无处藏身，自然消失。属于谁职责范围内解决的问题，就由谁解决，决不允许避让推诿；自己解决不了的问题，可向有关人员请教或查询后再作解决。

（3）打造有实力的现场。

有实力的现场是指现场本身具有的特色和吸引力，以及现场员工能主动地发现和解决问题。打造有实力的现场，在实际的运作中要注意以下几点：

①打造现场所需要的独特吸引力。

②制定有利于促销现场力产生和发挥作用的各种良好的规定和制度。例如，联永连锁超市公司规定在超市卖场，员工要对3米以内的顾客微笑；要认真通俗易懂地回答顾客的提问（包括产品及相关问题）；当现场员工和顾客两人同时想讲话时，应让顾客先讲；顾客讲话时，不论自己是否感兴趣，都应该专心倾听，不宜流露着急、不屑一顾的表情，切忌随便打断顾客的话，或者心不在焉等对顾客不尊重的行为。顾客在这样的现场环境中购物，不仅感觉到自己有面子、快乐，也会感觉到自己受到了极大的尊重，因而在心里得到了很大的满足，他们没有理由不成为联永的忠实顾客。又如，远利公司对所属卖场所销售产品的摆放和货架的摆放都有严格的规定，如货架摆放要给顾客留出足够的行走空间等。

③选定合适的促销现场员工，包括形象、口才、应变能力等。并保证现场所需产品和资料的供应渠道畅通。

④尊重现场员工的能力和干劲，彻底下放权限，并不定期地对现场

员工进行有针对性的培训，培训的内容包括售后服务政策、与所销售产品相关的知识、行为礼仪、顾客常见问题的应对策略、特殊情况的应对策略、恰如其分的语言沟通策略等，切实提高员工发现和解决问题的能力。例如，对员工“恰如其分的语言沟通策略”的培训，要求员工在现场服务的过程中，紧紧围绕顾客的感受与顾客进行适度的语言沟通，使客人产生良好的情绪倾向。

（4）问题“可视化”。

不存在没有问题的现场，打造促销现场力很重要的是将问题拿到“太阳底下”，使其“看得见”。让问题明显化是解决问题的第一步。能看见问题，组织才能重视问题，才能解决问题。楚桂公司的做法是创办《企业问题报》，直接向总经理汇报，专门报道本企业存在和发生的各种问题和促销现场存在和发生的各种问题，并督促改进或寻求解决的方法，使发现的各种问题“可视化”。刊登包括顾客投诉和举报的问题，员工发现的问题，以及两名专职员工每天巡视公司各大卖场发现的问题和通过采访现场顾客所发现的问题及建议，使这些问题在《企业问题报》上公开、“可视化”，并督促相关责任人和相关部门加以改进，或在报上直接寻求解决的方法，每周一期，效果很好。

（5）注意发挥小组织的优势。

促销现场力不是由一个具有超凡能力的个人创造，而是靠现场的所有工作人员踏踏实实地建立起来的。要使现场的每个成员都担负起自己的责任，同时又要保证集体团结一致共同出点子、想办法，建立以 4 个人为 1 个小组单位的工作管理方法，是很有效的管理方法。例如，同时在同一商场工作的 12 位员工，可分成 3 个工作小组，每个小组选出 1 位工作能力较强的员工做组长，负责协调各组员之间的工作，各组员之间相互激励，相互提醒，相互帮助；遇到问题和困难时，共同面对和出主意，这样更有利于促销现场力的产生和发挥作用，更有利于提高顾客的满意度和增加销量。

（6）坚持到底。

只要现场有问题，现场的改善就永无止境。坚持不断地改善企业促销现场的运营和改进员工的工作方法，特别是坚持以顾客需求和满意度为准则，制定好的方法和策略来不断地改善现场运营和改进员工的工作方法，就会使促销现场力始终处于一种旺盛状态。现场的实际销售也始终处于一种旺盛状态。久而久之，这种坚持不断地用好的方法和策略来改善现场运营和改进员工的工作方法，就会成为一种习惯，加上原已制定的有利于促销现场力产生和发挥作用的各种良好规定和制度的配合，这种习惯就会演变成一种保持企业促销现场力旺盛的文化，这种文化的存在不仅使企业长期拥有有实力的促销现场，也使企业拥有不易模仿的核心竞争力，企业的销售和发展就会站在一个新的高度。

七、如何找准赚钱的产品

▲要点提示1：赚钱产品的概念是什么

谁都知道选择一个好产品或好项目（以下产品或项目均统称产品）经营，对于企业的生存和发展具有重要的意义。每天不知有多少人在盼望心目中的好产品出现，并随时准备猎取经营。杨晓林的利高公司所投资经营的节油净化器环保产品，在苦苦坚持挣扎了7个月后，不得不以失败而告终，多年的投资也随之化为泡影。这样一个事前人人看好，并经多方咨询论证，市场前景非常广阔的好产品，为什么经营得如此艰辛，寿命又是如此短暂呢？每年又有多少企业在重复着这样的不幸历程？特别是新产品经营的高失败率，更使我们惊叹，这是为什么？

究其原因，一个很重要的因素就是：大多数投资经营者在选择产品时，只注重产品本身，注重产品的静态性；而忽略产品的动态性，忽略产品处在一个动态变化的环境中，忽略产品的静态性是否与产品的动态性融合在一起，即忽略产品的静态性是否与动态变化的环境相适应。所谓产品的静态性，是指产品本身呈现出来的状况（如产品质量很好，包装精美档次高，功效独特，目前利润空间大，需求人群广等）。所谓产品的动态性，是指产品本身处在一个动态变化的环境中，如满足同样需求的类似替代产品日益增多，经营该产品的成本日益增加，对产品品质的要求日益提高，产品的更新换代迅速，产品的竞争环境日益激烈等。产品的静态性是否与产品的动态性融合在一起，即产品的静态性是否与动态的环境相适应，换句话说，就是指产品本身呈现的状况与投资经营者或企业现有的条件（如资金实力、技术人才、行业经验等状况）结合起来是否与动态变化的环境相适应，如投资经营某产品的现实动态环境表现之一是该产品更新换代迅速，这就需要拥有很强的产品开发创新能力与之相适应，这就需要企业或投资者拥有这方面的人才资源与之相匹配。

一个产品从产品的静态性看是一个值得投资的好产品，如该产品功效独特、卖点突出、利润空间大、需求人群广，但把它与投资经营者或企业现有的条件（如资金实力、技术人才、行业经验等状况）结合起来，放到一个动态的环境中（从产品的动态性看），就未必一定是好产品了。如（在动态的环境中）投资经营该产品需要足够的资金实力来支撑，而投资经营者或企业自己在现有的条件下并不具有，又找不到弥补这一缺陷的办法，那么这种静态性的好产品对于该投资经营者或企业来说，就变得毫无意义。同样，如投资经营某产品，需要对该产品所属的行业（包括产品本身）非常熟悉和了解，而投资经营者或企业从未涉足这一行业，内部员工中也没有熟悉这一行业的人才可用，又找不到弥补这一缺陷的办法（如通过招聘人才能得到弥补等），这种静态性的好产品对于该投资经营者或企业来说，同样变得毫无意义。出现上述所列情形，如果投资经营者或企业决意投资经营，那么经营失败的概率会很高。这就是静态性的好产品与投资经营者或企业现有的条件结合起来不能与动态的环境相适应，即投资经营者或企业所具有的条件不能满足经营这一静态性好产品的需要。这就是为什么很多投资经营者或企业所选择经营的产品，明明看着是好产品，咨询是好产品，却昙花一现，很快就经营失败的症结所在。

但如果在动态环境中，投资经营者或企业有足够的资金实力来支撑，或能够找到弥补这一缺陷的办法，以及投资经营者或企业曾涉足这一行业，有熟悉和了解这一行业的人才可用，或者可以找到弥补这一缺陷的办法，加上具有经营这一产品所需的其他条件，这一静态性的好产品对于该投资经营者或企业来说具有现实意义，才会成为真正意义上的好产品。因此，只有当静态性的好产品结合投资经营者或企业的具体条件（或实际情形）能够与产品的动态性很好地融合在一起，才会成为真正意义上的好产品，也只有当静态性的好产品结合投资经营者或企业的具体条件（或实际情形）能够与动态的环境相适应，才会成为真正意义上的好产品。

为了更好地表述这一理念，在此，引入“赚钱产品”的概念，其定义为：赚钱产品是指经营可获得的单位利润率高于社会单位平均利润率或能够获得投资经营者（或企业）预期的满意利润，市场潜力大（或市场可挖掘潜力大），适合投资经营者（或企业）经营，并在现有条件下，经过努力能够获得经营成功的产品。

简单地说，赚钱产品是指适合投资经营者（或企业）投资经营的静态性好产品。

在这一概念中需要注意：①“经营可获得的单位利润率高于社会单位平均利润率或能够获得投资经营者（或企业）预期的满意利润”，是指所投资经营的产品，要有可观的利润或者能够满足投资经营者（或企业）对期望利润的追求。②“市场可挖掘潜力大”是指有足够可利用的细分市场空间。③“适合投资经营者（或企业）经营”，是指投资经营者（或企业）具有投资经营该产品所需的主要条件或可以找到弥补的办法，这些主要条件与静态的好产品相结合能够与动态的环境相适应。④“在现有条件下，经过努力能够获得经营成功”是指投资经营者（或企业）在现有条件下，采取正确的营销策略或方法，并用心去实施，就能够获得成功。

这一概念可以用一个简单的公式表示为：

赚钱产品=适合投资经营者（或企业）经营的静态性好产品=投资经营者（或企业）全部具备开发生产经营该好产品所需主要条件的静态性好产品=投资经营者（或企业）具备开发生产经营该好产品所需的某些主要条件的静态性好产品+可寻找到弥补所缺乏开发生产经营该好产品所需的另一些主要条件的静态性好产品。

例如，投资经营餐饮产品，要找准赚钱产品，就是要找准适合投资经营的静态性好的餐饮产品。静态性好的餐饮产品是指产品本身具有一定的特色，市场容量大。适合投资经营是指企业（或投资经营者）具有经营该静态性好产品所需的主要条件，如熟悉该行业、具备经营该餐饮产品所需的资金实力、具有烹饪该产品所需的成熟技术，确保产品质量的稳定性等。

在这里，“所需的主要条件”一般是指：①资金实力是否能满足产品的开发、生产、经营的需要；②技术是否成熟，是否能保证产品质量的稳定性；③是否熟悉该产品行业或是否具有熟悉该产品行业所需的人才；④是否具有生产经营该产品所需的人际关系（如娱乐业、保健品等需要良好的工商、卫生防疫和媒体关系）；⑤是否具有生产经营该产品所需的市场拓展能力；⑥是否具有开发生产经营该产品所需的团队和管理。

“静态性好产品”一般是指：①产品的质量优良且稳定；②产品的利润较大；③产品的外观和包装为多数消费者所喜欢；④产品满足消费者的某种欲望和需要或解决问题的功效很明确；⑤产品具有突出的特性；⑥产品的市场前景广阔；⑦产品的竞争环境有利或在不利的环境中，可以寻找到有利于产品生存的细分市场环境；⑧因产品成本导致的定价没有超出目前消费者的承受能力。

赚钱产品概念的提出，其目的和意义就是为了使投资经营者（或企业）更好地规避在选择投资经营产品上的风险，提高企业或投资经营者经营成功的概率，确保投资经营赚大钱。也就是说，企业或投资经营者要想获得经营成功的高概率，确保投资经营赚大钱，在选择投资经营产品时，就要注重选择静态性的好产品结合自身现有的条件与动态的环境相适应，就要找准适合自身投资经营的静态性好产品，就要找准赚钱的产品来经营。

在实际中，找准赚钱产品又分为被动找准赚钱产品和主动找准赚钱产品两种形式。

▲要点提示2：被动找准赚钱产品

盛夏的邕城，天气格外热。蝉鸣聒噪，让人心烦意乱。

一学生模样的人冲进利乐公司第6冷饮分店，拿起笔伏在桌上写字条：“娇娇，我喜欢你！我一直都在暗恋你！”“啪”，他用力地把它贴在墙上，长长地吁了一口气。“来杯冰冻珍珠奶茶。”服务员应声而至。

这是一家专门提供给人释放压抑心情的冷饮店。“高兴吗？烦恼吗？想说吗？请留言！在这里，你最不可能遇到的就是代沟；在这里，你最容易找到的就是你自己。”门店经理李星华说，他们为此准备了专用的纸笔和双面胶，供书写者免费使用。看着贴满店内各个预留角落的留言条，我们不难想象这家冷饮店是怎样在收获着人气，同时也聚积着财富。

可在几个月前，虽是初夏，但炎热的天气，已使整条街冷饮店林立，竞争的结果是平淡的经营显得都十分疲软。李星华坐在空空的店内一脸的忧愁，公司其他分店的情形也大多如此。他总觉得店里还缺少一些真正吸引人、有特色的东西。星湖路两边有很多的电器电脑销售公司，还有一所学校，这附近主要以年轻人为主，如果能得到年轻人的认同，就成功了。李星华如此分析他的冷饮市场。但问题是怎样才能让他们对自己的冷饮店产生好感呢？必须找到一种与附近人群相关的特性，然后利用它把他们吸引进来。

想要与人异，就必须有创意。李星华为此冥思苦想，同时也通过上网，与原来的朋友、同学谈心交流。从网上李星华得到了许多让他振奋的话，他一一抄在了纸片上，贴在店内的墙上，一方面随时提醒自己，另一方面也可以看到朋友们暖人的鼓励。

有一天，一个中学生正在店里喝冷饮时，发现了李星华贴在墙上的东西，他仔细地读了起来。然后，他马上写了几句话也把它贴在墙上。“我爱的人，名花有主，爱我的人，惨不忍睹。”写完后甜甜地吸了一口冰冻果汁，感觉好极了。

没想到就此却一发不可收拾。来来往往的学生和一些年轻人，一见墙上的文字，顿时来了兴趣，他们强烈地要求把自己想说的话在这里写下来，放在这里。李星华因势利导，为他们提供方便。共性就这样被李星华抓住了，公司职员工作压力大，学生学习任务重，他们渴望放松、渴望被承认、渴望走出压抑，他们太需要一个能让自己释放和宣泄的场所了。利乐公司第6冷饮分店里就是这样的一个场所。

几天时间，留言就贴满了店内的各个角落，连冰箱门上都没有放过。这样一来，人气立即上升。这里几乎成了年轻人聚会的最佳场所。“到第6分店去发泄发泄”成为一些人的口头禅。他们说，这种心情留言的方式很特别，很发泄，有时候，好几个朋友一起来，聊到高兴时就写几句话，不高兴时，就乱写一通，特别痛快。

利乐公司马上调整经营策略，在其他具有第6分店经营环境的分店内增加“发泄”的内容，并完善相关服务；在不具备第6分店经营环境且效益低迷的，立即停业转租门店，在具有第6分店经营环境的地段重新租铺经营，并在周边市县发展连锁加盟。从此，利乐公司摆脱了困境，走向了健康快速的发展轨道。

利乐公司经营的成功，得益于对产品的重新认识，得益于在将自身所具有的条件与冷饮产品的静态性相结合出现不能与动态的市场环境相适应时，出现企业经营困难时，经过努力终于找到了弥补的办法，即从精神方面丰富产品服务的内涵与挖掘、调整现有的资源条件相结合；从而使所经营的冷饮产品能够与动态的市场环境相适应，使冷饮产品变成适合企业自身经营的好产品，变成企业赚钱的产品，并使企业转危为安，摆脱困境，走向成功。

夏季投资经营冷饮产品，市场需求大，利润高，技术成熟，品质稳定；从产品的静态性看，是一个值得投资的好产品。但将冷饮产品放在一个动态的市场环境中来考虑，从产品静态性所看到的各种投资经营优势，都将会大打折扣。例如，虽说夏季经营冷饮产品，市场需求大，利润高，但因其技术要求不高，资金投入可多可少，进入门槛低，势必会涌入大批的投资经营者，来分割有限的市场，从而使得投资经营冷饮产品很难获得超额利润。这样一个在夏季，很多人看来比较好的投资经营产品，在动态的市场环境下，实际上就是一个很普通的投资经营产品。而要使在动态的市场环境下，这一普通的投资经营产品成为实际意义上比较好的投资经营产品，成为赚钱的产品，最有可能的途径是：①较佳的经营地段和经营环境；②有别于其他竞争者良好的特色服务，并被消费者认可；③能够开发出非常有特色口感的冷饮产品，或在企业现有的条件下，能够提供满足众多消费者的其他同一需求。这些都需要企业有相应的资源与之匹配和支撑。利乐公司在投资经营时，并不具有或没有挖掘出相应的资源条件与上述途径相匹配；没有意识到或充分意识到只有踏上这样的途径，企业才会比较容易走向成功；也没有意识到或充分意识到找准适合自己经营的好产品，找准赚钱的产品，企业才会比较容易走向成功。由于冷饮店林立，市场竞争的激烈，使得公司大多数分店生意变得平淡疲软，公司也因此而陷入困境。第 6 分店在陷入困境时，能够积极地思索，根据自己所处地段年轻人和学生多，年轻人工作压力大，学生学习任务重，他们渴望放松、渴望被承认、渴望走出压抑，他们需要一个能让自己释放和宣泄的场所，第 6 分店及时抓住这些人需要“发泄”的这样一个精神需求共性，在店内现有的条件下增加了“发泄”服务的内容，在满足消费者对冷饮产品物质需求的同时，也满足了消费者需要“发泄”的精神需求，创造性地从精神方面丰富了产品服务的内涵，并挖掘、调整现有的自身资源条件使其与之相适应，从而使得第 6 分店冷饮产品生意火爆。利乐公司马上调整经营策略，整合现有资源，推广第 6 分店的做法，进而使利乐公司摆脱了经营冷饮产品的困境，并走向成功。

利乐公司根据实际在所属各分店推广第 6 分店的做法，增加“发泄”服务的内容，从而弥补了所投资经营的冷饮产品特色不足带来的缺陷，并在现有的条件下，通过挖掘、调整相关资源使之与其所开发的“发泄”服务这一特色内容相匹配，在满足消费者对冷饮的物质需求的同时，也满足了其需要“发泄”的精神需求，进而为公司带来了丰厚的利润。利乐公司这种创造性地从精神需求方面丰富产品服务的内涵与挖掘和调整现有资源条件的过程就是一个被动找准赚钱产品的过程。

在此，我们把被动找准赚钱产品定义为：当企业或投资经营者投资经营的产品与事前的期望相差较大或出现经营危机时，企业或投资经营者被迫调整或采取各种策略使所投资经营的产品与现有的条件（或挖掘调整现有的资源条件）相结合，能够适应动态的市场环境，转变成一个赚钱的产品，进而使企业或投资经营者的经营接近，乃至超过期望，转危为安，走向成功。

被动找准赚钱产品，风险较大，因为企业调整或采取各种策略，如果不能使所投资经营的产品与现有的条件（或挖掘调整现有资源条件）相结合，能够适应动态的市场环境，成为适合自己经营的好产品，成为一个赚钱的产品，就可能使企业或投资经营者经营不良的状况进一步恶化，进而可能带来巨大的损失。因而在实际中，应尽量避免被动找准赚钱产品情形的出现，而是在选择投资经营产品时，主动选择找准赚钱的产品进行投资经营，以规避风险，确保企业经营成功的高概率。

▲要点提示3：主动找准赚钱产品

主动找准赚钱产品是指企业或投资经营者有投资经营意愿时，根据自己的实际情形主动寻找适合自己经营的好产品进行投资经营，主动找准赚钱产品进行投资经营。以便更有效地规避投资经营风险，从一开始就确保企业投资经营成功的高概率。

南宁同康科技开发有限公司在选择什么样的新产品进行投资经营上，可谓是煞费苦心。首先确定选择适合自身投资经营的好产品的标准和依据，即确定找准赚钱产品的标准和依据：①产品既要有特点，又要有市场。没有独特之处，就要有大市场，这样容易找到市场突破的机会。②要有足够的细分市场空间，以避免和大公司、大品牌硬碰硬。③新产品至少要具有局部优势，不能让大公司、大品牌等庞然大物挡住去路。④要能够与公司现有的资源条件相匹配。根据公司大多数员工都做过药品保健品的实际，以及所确定的筛选产品的标准和依据，最后把选择产品进行市场调研的重点方向放在保健业上，研究保健业内十几年来卖得好且相对持久的产品。同康公司工作人员发现，除了保健食品，就是大众型医疗器械。

同康公司根据调研，最后选定投资开发生产同康健康器，为什么？因为它符合作为好产品的许多条件：①政策风险小；②治疗效果明确；③耐用性强；④目标消费群体集中。主要集中于中老年人群，并且投资开发同康健康器与公司现有的资源条件相匹配。投资经营半年后，同康健康器便畅销本地。这说明同康健康器这样一个静态性的好产品与公司现有资源条件相结合能够与动态的市场环境相适应，找到了适合自身经营的好产品，找准了赚钱的产品。这种找准是一种主动的找准，整个找准过程，就是一个主动找准赚钱产品的过程。

在实际中，怎样选择一个适合自己经营的好产品？怎样才能找准一个赚钱的产品？

▲要点提示4：找准赚钱产品的一般模式

为了规避投资经营风险，投资经营者应积极主动地找准赚钱产品来经营，力求避免被动找准赚钱产品来经营的情形出现。在此，我们提出了如下找准赚钱产品的一般模式。

（1）利用适合自身（投资经营者或企业）投资经营好产品的基本判断标准进行判断。基本判断标准：①产品质量、外观和包装的受欢迎程度；②产品的功效、特点是否突出；③竞争环境是否有利，若不利，可否找到有利的细分市场环境；④资金实力是否能满足开发、生产、经营的需要；⑤是否熟悉行业规则、拥有行业人才和业务网络。

（2）深刻地了解自己和产品，扬长避短地选择一个合适的好产品。自己的文化层次和企业的实力如何？自己或企业的特长和优势在哪里？兴趣点在哪里？熟悉什么行业？在哪些方面有一定的经验？应该注意的缺点和问题？产品本身状况怎样？社会经营环境、行业环境、产品项目环境怎样？如何运作？

（3）在大方向上把握准，注意行业和产品的发展前景。应该选择阳光产业、朝阳产业，避开那些已经走下坡路的行业和产品。最好是产品既要贴近生活，价格适宜，又要有较大的市场容量。如果这个行业已经没有了前途，如果这个市场早已完全饱和，找不到细分的切入点和可能，就应该重新选择产品。如果能够明确从消费者需求出发选择产品，就能够掌握新的市场空间。

（4）选择具有独特资源优势的产品项目，或者在已有的产品项目上进行创新（如增加产品的功能，方便性等）。产品投资经营者如果能独具慧眼，发掘自己特有的资源进行开发，往往容易成功。因为没有竞争对手，对独特资源的垄断，并不受资金多少的限制。同样，在企业已有的产品项目上进行创新，由于对市场的熟悉，知道创新点应选在哪里，如增加产品什么样的功能更能被市场所接受，加上熟悉的技术、现有的设备，比其他企业更容易获得成功。据此找准赚钱的产品（或找准适合企业及投资经营者自身投资经营的好产品）。

在实际中，投资经营者不仅要注意遵循找准赚钱产品的一般模式，更应该灵活地运用找准赚钱产品的一般模式来找准属于自己的赚钱产品，实现企业经营成功的高概率。确保投资经营赚钱的高概率，需要找准赚钱的产品，更需要智慧和创新。

第二章 持久赚钱该怎么做

一、创业意味着什么

人类追求财富的脚步从未停止过，自从欧洲的工业革命后，人类这种追求财富的脚步便加快起来，各行各业的创业者数量在跳跃式增长；在中国随着市场经济运行规则的确立，渴望拥有更多财富的人们，也在越来越多地挤入创业者的行列。

创业者就需要投资，要投资，就存在风险。这需要创业者具有下决心投资某个产品或某个项目的勇气和胆识。投资后，就要组织经营运行，一方面需要创业者具有组织经营管理运行的能力，或者聘用职业经理人来经营管理，那就需要创业者具有慧眼识人的能力。另一方面，需要创业者具有组织各经营要素进行经营的权力，需要创业者具有企业的经营管理权；如果创业者没有这种能力，没有这个权力，投资可能就会亏损，所经营的事业也会枯萎失败。

然而，在创业者经营企业创造财富的过程中，需要解决各种问题，面临各种挑战，同时，还需要不断创新。而在这样一个不断解决各种问题，不断迎接各种挑战，不断创新，使财富不断增长的过程中，人生价值也在逐渐实现。投资产生效益后，除去成本，获取利益和财富的同时，也为国家增加了税收；在不断地投资，不断地产生效益，获得越来越多的利益和财富，以及为国家缴纳越来越多的税收的同时，也将获得应有的尊重和荣誉。

因此，从某种意义上来说，做持久的经营者代表着胆识和勇敢；做持久的经营者代表着能力；做持久的经营者代表着挑战；做持久的经营者代表着创新；做持久的经营者代表着财富；做持久的经营者代表着贡献；做持久的经营者代表着价值；做持久的经营者代表着尊严和荣誉。

一些人很想创业，他们常常问自己，我能行吗？我适合吗？他们担心自己的能力，更担心自己的投资血本无归；他们害怕风险，害怕亏损。他们徘徊犹豫，使一个个可能获取财富的机会和可能证明自己能力和价值的机会，悄悄地从自己身边溜走。而社会运行的规律是，每个人都可以创业，关键是怎样去做，因为每一个人都有自己的特长和特点，特长和特点就是资源，就看你自己如何运用这种资源。

二、你适合创业吗

社会上也有很多人，往往以性格的类型来判断是否适合创业。有“性格决定命运”这样一种说法，对于这种似是而非的哲理警句应特别小心。

我们要清楚的是，性格不是决定命运的充分必要条件，较简单的测试方法就是，你把数十个创业成功的企业家的性格记下来，看看他们的性格特征，你会发现各种各样的性格都有；因为很多人有双重性格甚至多重性格。

对于性格偏内向的人来说，从优势上看，会行事稳健，不足之处可能是冒险精神会差一些。但是这种相对劣势，可由合作伙伴来弥补；一个人的性格改变起来，可能比较困难，但有一个好的解决方法是，作为经营者只要注重发挥自己的优势，不足之处可由团队其他人来弥补。

如稳重型经营者的性格特征是做事冷静、沉着稳健、慎重理智、忍耐性较强，表现在事业经营上是脚踏实地、按部就班、稳扎稳打、节奏感很强。他们注重品牌形象的宣传推广，具有长期经营的打算，给人以老谋深算的印象；他们最常见的性格问题往往是因过于谨慎理智而错失发展机会。因此，这类经营者的性格不足点，可选择团队里具有快速行动型性格特征的助手来弥补。又如，急躁型经营者的性格特征是做事性情急躁、容易冲动、说话直爽、行为活跃；表现在事业经营上是敢于冒险、行动迅速、主动性和攻击性强，如强调迅速占领市场和攻击竞争对手等；在管理上表现为较主观武断和粗心大意；这一性格类型的经营者是身先士卒、冲锋在前的开拓创业者，却不是很好的经营守业者。因此，这类经营者可选择团队里具有稳健型性格特征的助手来做好内部的管理工作，以弥补自己性格上的不足。

因此，可以说每个人都可以创业，关键是怎样去做。

三、怎样创业才能容易成功

▲要点提示 1：创业的含义是什么

首先要明确创业一词的含义，简单地说就是创立事业，是一种创新，是一种对自己生存环境的创新，更是一种对自己命运的创新。

要创新，就会有风险；有风险，做事就要谨慎和理智。

因此，首先要循序渐进。我们做某一个产品，都要先试验，然后小批量生产，再中批量生产，最后大批量生产。例如，要做某种新型饮料，先拿出样品给大家品尝；大家品尝后，觉得味道和口感都不错，而且富含人体所需的营养物质，于是才决定小批量生产；产品生产出来投入市场后，很快就销售一空，市场反应很好，这时才决定扩大生产，进行中批量生产；结果所生产出来的产品仍不能满足市场的需求，最后才决定大批量生产。

▲要点提示 2：找到一个适合自己做的好产品的方法

当然，选择做什么样的产品，也是很有讲究的。为了规避创业投资风险或降低创业投资风险，一般选择：①贴近生活、价格适宜、市场前景广阔的产品项目。产品市场的支持力和市场容量对投资者来讲很重要，考虑所选产品项目是否在当地有需求，以及靠自己或企业的能力是否能使产品顺利地进入市场等。②选择有一定技术壁垒的产品项目。产品项目是否能健康有序地发展，很重要的一点就是该产品项目是否有足够高的进入门槛，包括技术和资金两方面。当资金不再是问题时，能否垒起一道技术门槛，就成为重要选择。技术门槛的存在，可以使投资者在一定时间内保持竞争优势，降低投资风险，获得较好的回报。③选择目标市场非常明确的产品项目。很多生意经营的好坏，其实不在于点子本身好坏，更多地在于具体操作方法是否得当，因为市场永远有空白，任何生意都有它自己的目标消费群体，针对某个特定消费群体进行市场调研，捕捉市场“亮点”，投其所好，推出新产品或服务项目，往往能领先一步占领市场。④选择那些自己较为熟悉、投资较少、比较稳妥的产品项目。当投资者选择某个产品项目时，最好先少量投入，以较少的投资来了解、认识市场，等到认为很有把握时再大量投入，这样即使出现失误，也有挽回的机会。

▲要点提示3：为什么很多人创业选择从贸易代理做起

当创业者确定好所要做的产品后，一般先从小的做起，从贸易代理做起；其实很多创业成功的经营者，都是从做贸易代理开始，等到对所代理产品的市场有了深刻的认识之后，才开办实业或进行创新来扩大代理的规模。

像联想、三胞集团，都是从做贸易代理起步的。

为什么做贸易代理的人转做实业容易成功呢？因为他们在做贸易代理经销产品的过程中，学会了市场运作的策略和技术，知道怎样做才能更好地满足消费者的需求，所以一出手就“快、狠、准”，奏效！

因此，为了增加创业成功的概率，创业者最好先从贸易代理产品做起，开始规模小一点不怕，但要注意脚踏实地，循序渐进。

▲要点提示4：为什么要重用有经验的熟手

要重用有经验的熟手。重用那些熟悉产品项目的市场状况及操作流程和细节的人，特别是那些对此曾经有过良好业绩的熟手。

创业时人才很重要，那么什么样的人才最重要呢？那就是适合创业者创业，有经验的熟手。

有经验的熟手为什么重要？有经验的熟手可以让创业者把风险降到最低，让创业者把有限的创业资金能够较为准确地用到最需要、最有价值的地方，让创业者所做的产品迅速地站在最前端，让创业者的市场营销策略出手不凡。

▲要点提示5：什么是产品的差异化策略，如何进行差异化运作

要注重差异化策略。创业者如何进行差异化运作呢？

要明确差异化策略的概念，所谓差异化策略，就是与众不同的策略，是指经营者所经营的产品或项目，能提供或满足其他同类经营者（或经营同类产品及项目的经营者）所不能提供或满足给消费者的某种和某些需求，以有利于经营效益的产生和经营的成功，如自己可以以更低一些的价格供货给消费者，可以提供更多的花色品种供消费者选择，而经营同类产品的竞争对手却做不到。这种差异化（或与众不同）可以是质量上的，可以是价格上的，可以是外观上的，可以是数量上的，可以是品种上的，可以是功能效果上的，可以是服务上的，也可以是口感上的（如食品）等。

那么在实际中，创业者如何进行差异化运作呢？简单地说，就是创业者在投资所做的产品上和产品的营销模式上进行差异化，使它们与众不同，从而达到出奇制胜的目的。

在投资所做的产品上进行差异化，即产品差异化，使产品与众不同，以有利于经营效益的产生和经营的成功。

具体做法是，如果在产品的质量、价格、品种等基本点上很难做到与众不同（或差异化），以提供或满足消费者某种特别或某些特别的需求，以引起消费者的兴趣和消费欲望，那就考虑如何在自身现有的条件下创造差异化（或与众不同），最简单、最省力，并且容易见效的做法在自身所经营的产品或项目中增添一点儿什么。如增添了遥控功能的彩电、空调，曾经让没有此功能的彩电、空调相形见绌；南宁的刘先生在销售红塔山、五粮液等商品时，增添了“盖个人章”，既防止了小人作乱，又获得了商业信誉；桂林的香君茶楼增添了“新闻早茶”这一特色，让许多喜爱读报的早起者甚为欣赏，纷纷前去。这些差异化策略（或与众不同策略）的推出，为经营者带来了丰厚的效益。

创业成功的李玉英采取的就是差异化策略（或与众不同策略）。李玉英的店铺在琳琅满目的服装批发城并不出众，没有特别装饰，也不比别人的面积大，但她的顾客就是比别人多，生意就是比别人好，并且在其他地方还开了 6 家分店。

李玉英有浓厚的民族情结，从一开始，她的服装店就走传统的民族路线，用传统及民族花形、色彩的布料，做成传统的或民族情调的服饰。她在传统及民族中注入时代感，在细小的地方表现出来。小花布、大花布等很多土得掉渣的布料，经她的手，变成前卫的服饰，乡土和现代的强烈反差，达到一种视觉上的审美效果。这使得李玉英自己设计、自己加工生产、自己销售的服装，始终具有一种诱人的特色美；这种与众不同的特色美，使很多偶然的顾客成为她的必然顾客。

在这个大众化东西太多的社会中，李玉英在创业经营中追求与众不同，采取差异化策略（与众不同策略），舍弃立竿见影的利益，满足少数人的审美情趣，满足个性化的需求，使少数人成为她的铁杆顾客的同时，来影响更多的人成为她的忠实顾客，并在激烈的服装市场竞争中稳健壮大，进而取胜，这种胜出正是赢在与众不同，赢在差异化。

因此，可以说产品的差异化，是很有力的创业武器。

▲要点提示 6：如何在所做产品的营销模式上进行创新与差异化

在现实生活中，各行各业的产品营销都存在很多问题与隐患。例如，都挤在大商场、大超市内销售和通过传统的营销渠道销售，同行恶性竞争严重；产品同质化，以及销售手段同质化很严重；价格越来越低，经营费用越来越多，经营利润越来越低等。

在投资所做产品的营销模式上进行差异化，就是要在投资所做产品的营销模式上进行大胆创新，使自己的营销模式与众不同，从而发挥其他营销模式无法比拟的作用。

在创业初期，企业要建立强有力的营销中心（或营销总部），把所有与营销有关的人员和资源都集中在营销中心（或营销总部），由于资金和人员的局限，企业没有必要在其他地方再设立分部，一切工作围绕“销售有力度，组织机构精简化，业务代表负责制”的营销组织模式进行。

如对这样的营销组织模式进行差异化，使其与众不同，可将“业务代表负责制”改为“业务代表承包负责制＋业务代表协作制”。“业务代表承包负责制”是指每一个业务代表（或几个业务代表）承包自己划定的某一区域市场（如某一个城市或某一个城市的几个辖区等），并完成相应的销售额，每个月都要向营销中心（或营销总部）汇报自己的销售情况、销售方式等；营销中心帮助分析销售顺利或不顺利的原因，并提出相关建议，必要时增派更有销售经验的人帮助销售，使每一位业务员既能感觉到工作的压力，又能感觉到背后有营销中心这一双温暖的手在帮扶着他。“业务代表协作制”是指每一个月或两个月召开一次业务代表交流会，各业务代表们相互交换客户资源，相互交流销售经验和方法，相互提出与销售有关的建议，相互交换客户资源。他们之间亲如兄弟；如果某位业务代表提出需要，只要是合理的，经营销中心（或营销总部）同意，其他业务代表可进入需要帮助的业务代表所承包的区域市场内帮助其运作市场销售。采取这一与众不同的营销组织模式的目的，就是使营销中心（或营销总部）的所有员工精诚团结，同心协力地完成企业的年度销售任务，并为企业的进一步发展打下良好的基础。

我们来看H市果德乳业公司在营销渠道模式上如何进行差异化，如何大胆创新建立起与众不同的营销渠道模式。

20世纪末，以伊利、蒙牛为代表的大型乳业公司，开始在全国“跑马圈地”，新品牌入局越来越难。

果德乳业作为地方区域品牌，即使难以走出去，但也要把自己的城墙加固，以抵御外来攻击。

乳品市场的主流渠道除了超市卖场，更多的是街道小店。这些小店分布广泛，店主们通常在乎的是价格和方便性。控制了这些分布广泛的众多小店，也就等于控制了市场。

果德公司高层决定，建立一个“果德食品街”的服务型网站。网上既卖自己的乳品，又卖其他食品，包括大米、面粉、玉米、食用油、瓜果、糖果、饼干、各种饮料、各种酒类等；同时在市内设立17个配送站，城内的上千家街道小店，只要通过网上订货，在21小时内果德公司都会把客户订购的各种食品送货上门。网上食品街，少了传统超市和街道商店的门面租金、水电等费用，成本因此降了下来；而众多小店无法得到的厂家优惠价格在果德公司都能如愿得到。

网站建成两年后，果德公司通过“果德食品街”所销售的食品达到数百个品种，此时城内大小的街道小店都开始涌向“果德食品街”，营销渠道异常坚固，“果德食品街”的年销售额，仅销售的乳类产品就超过1亿元。

不久之后，果德公司为了打造更为稳固的营销渠道，使出了使现有营销渠道运作模式更为差异化的第二招，即对现有营销渠道运作模式再次创新，使现有营销渠道模式变得更为与众不同。采取的差异化策略具体措施是：率先与各街道小店签订“排斥性”的合作协议；主要内容为，凡要果德公司配送的门店，一律不得经销其他企业经营的食品，公司将派出专人，不定期地进行抽查，一经发现，将终止合作协议，并赔偿事先约定的高额违约金。这样，果德公司几乎在做垄断生意，销售额跳跃式增长，利润也随之大增，其他众多的食品类公司只有望“果”兴叹。

这就是营销模式差异化的巨大魅力。

因此，作为创业者，应该根据自己现有的条件和实际情况，集思广益，对现有的营销模式进行有针对性的创新，使其差异化（或与众不同），从而使其成为保证创业者创业成功的一个有力武器。

由此我们可以看到，注重实施差异化策略（或与众不同策略），也是为创业者创建有影响的品牌奠定坚实的基础，做品牌的一个重要原则就是差异化（或与众不同）；因此创业者无论经营何种生意，都要注重实施差异化策略（或与众不同策略），保持与别人不同的品格；只有差异化，只有与众不同，才能在众多同行中脱颖而出，赢得顾客的青睐；也只有差异化，只有与众不同，创业才会顺利地走向成功，自己的品牌才会迅速地树立起来，并长驻人心。

四、长久经营靠什么

（一）营造长久经营的硬动力

▲要点提示 1：如何营造长久经营的硬动力

企业基业长青，这是一个常说常新的梦想；企业衰落枯萎，却是一个常演不衰的史剧。人类自诞生以来，就一直是以组织的形式生存和发展的，或者说，组织始终是人类赖以生存和借以发展的主要形式。即使你现在只是一位个体户，但要想扩大自己的事业，要想多赚钱，就要组织自己所需的人员，来为自己所确定的目标工作。同时，社会发展的历史也告诉我们：人，只有按一定的原则和规定组织起来，才能产生倍增效应。一千个无组织、无纪律各行其是的人，必然是一盘散沙，毫无战斗能力；若将一千人按一定的组织原则和秩序排列成方阵，则可产生倍增的伟大力量。我们常说的团结就是力量，实际上讲的就是组织起来的力量。

经营者要想做大自己的事业，要想获取这种“倍增效应”，就必须根据自己的需要，按一定原则和规定组织所需的各种人员来为自己的目标工作。因为，仅靠经营者一个人的能力、经历和时间是有限的，并且经营者的事业做得越大，所需要的人员就越多，以至于需要成立自己的经商组织——企业（如工厂或公司等）来经营发展自己的事业。哪怕是微型企业，也需要将员工按一定原则和规定组织起来，才能有效地开展工作。

事实上，经营者要想做大自己的事业，就应该创立经商的企业（如工厂或公司）来经营自己所做的事业。经营者创立经商的企业，既是经营者脱离单打独斗的一个象征，又是经营者事业做大或自身实力的一个象征。

因此，经营者要想长久地、有规模地经营自己的事业，就必须使自己创立的企业长久存在，并能正常有效地运转。要想使自己所创立的企业基业长青，很重要的就是必须使企业所需的各类人员长久地存在，并能发挥应有的作用，特别是积极的、有创造性的作用，因为经营者经营事业所需的各种物质资源都有可能面临枯竭，而人的智力资源是永远不会枯竭的！一个经营者经营的成功，既是经营企业的成功，也是经营人心的成功。

那么，要使企业中所需的各类人员长久地存在，并能发挥应有的作用，特别是积极的、有创造性的作用，他们的动力又来自什么？经营者能够长久经营靠的又是什么？

需求就是动力！无论是作为经营者，还是经营者所创立企业中的员工，只要是人，总体来说，就是两大方面的需求，即物质方面的需求和精神心理方面的需求（含对名誉和情感及自我价值的实现等需求）。因此，可以说经营者能够长久经营靠的是包括经营者在内的全体员工有效地努力工作，并创造应有的利润；而包括经营者在内的全体员工持续努力工作的动力，则来自他们物质和精神方面需求的满足感。在这里，我们将依靠经营者对员工物质的不断激励所产生的驱动力，称为长久经营的硬动力；依靠经营者对员工精神需求的不断满足所产生的驱动力，称为长久经营的软动力。

显然，要营造企业长久经营的硬动力，首要的是要满足全体员工物质方面的需求，就是要创造物质财富，就是要盈利赚钱。而经营者创办经营企业的主要目的，就是为了盈利赚钱。

那么，作为经营者如何做才能持续长久地盈利赚钱呢？

首先，所投资创办经营的企业产权归属要清晰。企业产权归属清晰。企业经营所产生的利益归属清晰。这样就能调动相关各方努力经营企业的动力，调动相关各方努力经营好企业的积极性、主动性和创造性。

此时，企业最需要股份制改革。股份制改革最终是为了使企业所有制清晰，使企业产权的归属清晰。在现实生活中，很多经营困难的企业，只要将产权归属分清，再加上高效的公司治理结构，那么企业的发展动力就会快速上升，企业经营困难的局面就会大为改观。

其次，要把握好企业发展的方向，即要把握好企业投资经营产品项目的方向，以及应该坚持投资选项的原则来选取所要投资经营的产品项目；以确保每一次都能选择到一个或几个合适的好产品、好项目来进行投资经营，因为这直接关系到企业经营是否盈利赚钱或是否存在经营的高风险。

▲要点提示 2：找到一个适合自己做的好产品的方法

具体来说，在选择投资经营产品项目的方向，以及应该坚持投资选项的原则来选取所要投资经营的产品项目时要注意以下 5 个方面。

第一，在大的方向上要把握准，行业和产品的发展前景很重要。应该尽力选择阳光产业、朝阳产业，避开那些已经走下坡路的行业和产品。最好，产品能够贴近生活、价格适宜，又具有较大的市场容量。如果产品所在的行业已经没有前途，其所在市场早已完全饱和，找不到细分的切入点和可能性，就应该转行；如果能够明确从消费者的需求出发选择，就能掌握新的市场空间。

第二，深刻了解自己和对手，扬长避短地选择一个合适的好产品。要明确自己或企业的实力、社会关系的优势、行业现状，社会的经营环境、行业环境、产品项目环境，以及运作方式。

第三，选择具有独特资源优势的产品项目，或者在已有的产品项目上创新（如增加产品的功能或方便性等）。

例如，灵南食品公司利用本地大面积种植荔枝这一独特资源优势，生产加工荔枝水果罐头及荔枝的深加工获得了丰厚的利润。又如，顺安东电风扇厂所生产的手握式小风扇，就是在原来台式小风扇的基础上进行创新，增加了照明功能，并且将台式造型改变成手握式造型，这样携带更加方便，而且新增了照明功能，从而使小风扇变得更加畅销。

第四，注意选择那些只需投少许“温度”，就会产生效益，使自己获取利益，甚至巨额利益的产品项目（如收购兼并企业）。

市场上常常存在许多“温度偏低的鸡笼”，也有许多“鸡”，因为没有合适的“温度”，所以“鸡不下蛋，或者下出来的蛋质量低劣”，没有市场需要，而使企业陷入经营困境。精明的经营者是不会去“既投资鸡笼，又投资养鸡”，而是去“投资温度，让现有的鸡笼温度升高，升到合适的温度，鸡就会下蛋，而且会高产”。

一些经营者就是利用这种“鸡笼增温”或类似于“鸡笼增温”的理论收购或兼并合资其他企业，注入资金，改变原企业的管理方式、产品结构，而变亏损企业为盈利企业，从而使自己的企业获得超常规的发展。

利落特集团的迅速发展做大，采取的就是投资“温度”的经营发展模式，具体操作为：先投资控股收购一些将要倒闭的企业，然后予以改制。其做法是，先派几个人到所收购的企业中清产核资，理顺企业发展思路，完善内部的经营和管理，调整产品结构，使之更能适应市场的发展趋势。再投入小部分资金，启动企业，使企业正常地运转起来。一旦条件许可，利落特集团就会将控股企业的另外49%也买下来，变成自己的独资企业。像章阳平制药公司和比来旺科技公司，就是这样变成利落特集团名下的独资公司。仅仅用了几年时间，利落特就由资产只有几十万元的小公司迅速扩大为拥有超亿元资产的大集团公司。

第五，经营者要力求避免去选择投资做三角债生意。比如，流通领域三角债问题就很严重，在流通领域中，由于市场的不规范，往往是厂家欠原材料商的钱，销售商欠厂家的钱，形成一个巨大的怪圈，做得越大，利润越低。有时卖一台电视所赚的钱，还不如卖一斤（1斤=500克）品牌水果所赚的钱多。因此，在商业信誉问题没有解决之前，经营者最好只考虑选择投资进入那些没有欠债的行业。

总之，经营者关键是要选准适合自己企业生产经营的好产品项目进行投资经营，以确保企业经营盈利赚钱的高概率。

▲要点提示3：好产品项目的基本判断标准是什么

怎么去判断一个项目是否是适合企业生产经营的好产品项目呢？在实际中，可以根据以下基本标准来判断企业所选择投资生产经营的产品项目是否是适合企业的好产品项目。

一是产品的质量、外观和包装的受欢迎程度。

二是产品的功效、特点是否突出。

三是竞争环境是否有利，或是否能够找到有利的细分市场环境。

四是资金实力是否能满足产品开发、生产、经营的需要。

五是是否熟悉行业规则、拥有行业人才和业务网络。

六是产品是否具有强劲的增值和变现能力。

▲要点提示4：企业应该选择什么类型的创新

如何打造企业的核心竞争力？

要注重创新，要明确创新始终是企业盈利的一个重要因素。

作为经营者要明确的是：资本对于品牌及项目的投入和运作，永远跳不出边际效益递减的规律，钱会越来越难赚；唯有满足社会需求的创新（含技术需求的创新）为企业带来的边际效益，可以不断增加，因为社会需求是逐渐增加递进的、无边际的。事实上，人类文明就是靠不断地满足日益增加的社会需求来推动的，而不是钱。

做企业需要创新，创新就是为了实现差异化。创新的最优目的，就是为了获得新的、更多的差异化价值，而不是靠低成本战胜竞争对手。当投资创立一个企业后，仅靠降低成本的方式是难以为继的。企业必须想办法大量开源，其后才是节流。

除了像海尔、联想等大企业，基本以科技含量来实现（增值性）创新外，对于大多数的中小企业经营者而言，应该怎么做？下面是两个操作实例。

维宇佳公司的项经理，2007 年以前在宜于服装市场内经营，每年的销售额数百万元。2007 年成立服装公司，两年之后，他原先卖 27 元一件的衣服，在 2009 年卖到了 36 元，在订单数量大量增加的同时，他的利润空间比以前高了许多。2009 年，公司实现 9000 万元的销售额。

这两年中，他致力于在产品质量、公司管理、服装档次、公司资源等方面，向创造更高价值的方向改进创新。2008 年他淘汰了低端客户资源，建立了中端以上的客户资源档案。同时，公司从最初的几台计算机，发展到全部采用计算机进行数据化操作工作。

这些环节的改进，基本是增值性创新占据了主要地位；这使得公司成功跳出了服装市场内低价同质竞争的局面。

再来看得比联公司。得比联公司在同几十家服装公司同时竞标的过程中，报价最贵，但它却中标了。为什么？

原因就是创新！所有的经营模式都指向一个目标——创造更大价值。从办公区域至生产车间的布置，从地面至卫生间的打扫，食堂就餐环境，都在为这个公司的形象和所生产的产品加分；走进生产车间，其现代化和整洁程度，都会让客户在下订单的时候感觉心里踏实；再走进公司的样品间，所有的布置都会让人信服，给人的感觉就是，这是一家可以信赖的公司，这是一家产品质量过硬的公司。很多国外客户来验收工厂后都甚为满意。

这种注重品质，“做最好的自己”的公司，就应该获得高额利润!

这些企业成功突破低价同质化竞争的不良局面的关键就是——重视增值性创新。

低技术的产品同样可以创新。国际上有一个概念，就是“创新的低技术”，如手电筒、电风扇、牙签、打火机、纽扣等，许多这样的低技术产品实际上都可以成为创新的产品。

比如，牙签使用之后，再放在桌上既不卫生又不好看，国外的一家小企业，将牙签的一头做成容易折断下来的精美微雕，使用之后折断下来，牙签正好像摆架筷子一样摆架在上面。创新使得牙签的附加值增加，成为高雅的生活用品。

另外，作为经营者要特别注意，不是所有的创新都能为产品提升附加值。创新还需分类，一般可分为：增值性创新和贬值性创新（注意这里提到的贬值性创新不包括电子产品等）。

贬值性创新的一大特点就是，所有的创新举措围绕着降低成本展开，表现到商品销售上就是销售量的庞大和降价。

增值性创新追求的是产品和企业的差异化优势，贬值性创新趋向于同质化。

当一个企业以增值性创新为主的时候，这个企业必然会充满生机，提升档次，健康快速地向前发展；而当一个企业以贬值性创新为主的时候，这个企业必然会跌入低端市场的行列，其健康发展的前景也会越来越令人担忧。

因此，企业应力求避免进行贬值性的创新，多进行增值性的创新工作。

创新高于创造，创造让你能够获得财富，而创新让你能够长久地获得财富；创新拂去表象，让你洞幽烛微看清楚事物的本质，人们越是创新，就越有智慧。

创新可以让你重构商业模式，让企业换挡提速；创新是一种解脱，让你告别忧心思虑却总是缺少竞争力的噩梦；创新更是一场救赎，让你细分市场，发现新的商机，远离一团乱麻的同质化竞争。

（二）营造长久经营的软动力

▲要点提示5：企业如何对待四类员工

（1）塑造有魅力的企业文化。

每个人都有梦想，很多人认为进入一个企业打工，是在帮助经营者实现他的梦想，即使为了物质利益已经进入了某个企业工作，但在自己的内心深处也常常缺乏一种安全感和归属感。

企业为什么就不能帮助员工实现他们的梦想呢？

企业的员工同样也有梦想，企业能否帮助员工实现梦想，究竟能够在多大程度上帮助员工实现梦想，取决于企业的现实竞争力水平和发展潜力。

所谓企业文化是指员工共同遵守的价值观、理念和行为方式的总和，重点是企业价值观、企业理念和行为方式的塑造，是企业生产经营与发展的指导思想。

当你来到企业，看到企业的外表，这就是企业VI视觉设计，包括企业的建筑、办公环境、办公器具等表面的直观的有形实体；通过企业员工的言行举止你能了解到员工的做事风格，这是企业文化的具体表现。但是究竟是什么决定了员工的言行举止？这取决于员工内心深处的价值观和信念。同样的，对于企业来说，是文化决定了这个企业的制度和行为，企业文化的核心就是企业的理念和企业的核心价值观。

企业文化是对内的，主要是为了明确企业生存与发展的指导原则，并形成一套以价值观及理念为核心的制度和规范体系，以此来提升企业的管理水平。

虽然每个员工带着各自不同的需求目的进入一家企业，但总体来说，他们看重的无非是两个方面的需求，一个是物质利益方面的需求，另一个是精神心理方面的需求（包括现实的心理需求和对未来期望的心理需求）。

首先，工作岗位能给自己带来多少收入，是否有各种福利和保险等（如每年都组织员工踏青，医疗和养老保险均有），这是物质利益，也是员工最基本的需求。

其次，是现实的精神心理方面的需求，就是这个企业的形象和工作氛围自己喜欢不喜欢，自己与领导及同事的关系如何，自己是否认同企业的价值观等。

最后，就是对未来期望的精神心理方面的需求，如自己的工作技能能否得到锻炼提升，是否能得到企业的重用，自己在这家企业工作是否有发展前途，自己的人生价值是否能够实现等。

那么如何才能塑造有魅力的企业文化来营造企业长久经营的软动力，吸引凝聚员工，特别是那些非常优秀的员工，使他们有长期，甚至终生扎根服务企业的意愿呢？

尽力选择聘用认同企业价值观及企业理念的员工。在现实生活中，由于每个员工对企业文化都有自己的理解，如果他认同，可能会激发他的工作热情；如果他不认同，那么企业文化对于他来说，就是一种形式而已。所以，在招聘员工或员工进入企业后的试用期间，企业就一定要仔细选择，认真评审，找到那些最适合的员工。

一般而言，可以将企业员工划分为四大类，第一类员工是认同企业价值观及企业理念的，并且有工作业绩的员工，这些员工是企业的精英。第二类员工是不认同企业的价值观及企业理念的，并且工作业绩又很差的员工，这类员工是要被淘汰的。第三类员工是认同企业价值观及企业理念，但工作业绩比较差的员工，企业应该给他们机会。因为人的能力是动态的、可以改变提高的，可以有针对性地培养训练他们，提高他们的工作能力，并且企业有不同的工作岗位，相信大多数人总能找到合适的工作岗位。第四类员工是不能认同企业价值观及企业理念，但工作业绩比较好的员工，企业应该给予他们关于企业价值观及相关内容教育培训的机会。如果经过企业的教育培训，仍然不能改变他们原有的观念，仍然不能认同企业的价值观及企业理念，那么应该请他们离开企业，即使企业可能因此蒙受暂时的损失也应在所不惜。

▲要点提示6：塑造企业文化的操作展示

（2）具体塑造企业文化的操作。

①明确企业价值观及企业理念。

如日本的科批食品工业株式会社（以下简称Kp），主要生产碳酸饮料、乳酸饮料、果实饮料、奶酪、奶油等产品。

Kp明确企业的价值观及企业理念和相关内容为：为了有利于社会大众的身心健康！

Kp存在的价值：向大众提供优质的产品和良好的服务，为社会生活的繁荣昌盛做出贡献。

Kp的经营理念：诚心诚意地与社会大众加强相互之间的交流理解，和谐建立积极向上的经营目的。

Kp员工的行动准则：Kp的全体员工要富有独自的创造力和挑战精神，要有强烈的社会责任感和集体荣誉感。

使员工树立勤奋工作的观点（勤业观点），做好企业的CI（企业形象识别）活动，要把企业自身的经营宗旨和存在的价值予以明确，用教育引导的方法把这一宗旨和存在的价值逐步渗透到每个员工的意识里，使之经常想到自己所在的企业应该为社会大众做些什么？怎样做？促使企业的全体员工不断地端正务实的、勤奋工作的观点（勤业观点）。

②行为规范。

建立和完善各种制度及规范员工的行为方式，如福利制度、公关策略、市场策略，以及员工的礼仪规范、沟通方法等。

企业理念要持之以恒地贯彻在企业生产销售的各种工作环节中，要使员工经常想到“本身所从事的工作是否与公司的企业理念相适应”(如 Kp 的员工要经常想到“本身所从事的工作是否与 Kp 的企业理念相适应”)。加深员工对企业的行政方针的理解，在完善各种制度和行为规范的同时，发挥每一个员工的聪明才智，进而加强员工的向心力和竞争意识，树立良好的企业形象。

③使企业的形象在视觉上统一。

企业应该不断地使社会大众对企业产生完美统一的印象，要使消费者对企业产生亲切感，达到这种效果需要每个员工平时注意自己的言行举止。同时也需要企业本身在一切可以利用的公开场合，统一标记、统一口径、统一色调、统一图案，把一个鲜明而富有个性的企业和产品形象，牢牢地树立在消费者的心中。

④建立严格的奖惩制度和设计合理的员工晋升制度。

企业应该尽力为员工搭建各种施展才华的舞台，帮助员工实现人生的价值和梦想（包括创业的梦想）。

⑤打造特色文化。

企业在塑造起企业文化的基本架构后，还可根据自身的实际情况，采取一些特别的行为方式来打造自己的特色文化，从而塑造起有魅力的企业文化。如一些企业规定，无论你原来是从事何种职业，职位有多高，能力有多大，或是某一岗位的专家，只要是刚进入本企业工作的，都需要培训。

其培训的目的，就是要使刚进入本企业的新员工，认同本企业的企业价值观及企业理念，熟悉本企业的各种制度和行为规范，要使新员工知道进入本企业后，创新的方向在哪里，企业运行的轨道如何，以及自己发展的轨道在哪里。

另外，为了增强企业员工的凝聚力和创造性等，特别是企业的领导骨干要经常相互交流；可以由企业总裁选一本书大家一起来读（每半个月或1个月1次），大家可以坦率地发表自己的意见，也可以与企业发展所需要解决的问题结合起来探讨，并写出读后感，评选出优秀心得若干篇加以奖励宣传，来增强企业员工之间的凝聚力、创造性和紧迫感。

在现实生活中，塑造有魅力的企业文化的方法很多，只要企业的经营者（或决策高层）善于观察听取各方意见、善于思考、善于总结、善于因地制宜，就一定能塑造出属于企业特有的魅力文化，来营造企业长久经营所需的软动力，吸引和凝聚员工，使他们能够主动地开展创造性工作，并产生长期的、甚至是终生扎根服务本企业的意愿。

▲要点提示7：信誉也是生产力吗

（3）树立起良好的企业信誉。

信誉是一个企业立身于世的基本命题。信誉可以说决定着财富在不同国家之间的分配。因为信誉是一个国家竞争力的体现，尤其是在全球化的时代；一个国家企业的信誉越好，它在价值链中占有的比例也就越大，所以企业一定要努力提高自己的核心竞争力，打造自己良好的信誉。

中国人有“行非信，无以立”的古训，有讲诚信、守信誉的传统；作为企业经营者，如果不讲信誉，那么将会失去客户、失去员工，企业很快就会面临经营的困境。谁还敢与你做生意呢？市场经济是法治经济，也是诚信经济和信誉经济，信誉也是生产力，信誉也能提高经济社会的发展效率。

永得利为计算机的高经理终于想清楚了：“在隆同电脑城卖计算机，靠的就是一张嘴，只要能‘吹’，说自己卖的计算机如何比别人卖的计算机好，只要能卖到好价钱，哪怕虚构了产品的很多优点。何况做计算机生意的人越来越多，自己又没有过硬的技术优势，像这样仅靠一张嘴，最终无法赢得顾客的信任，生意永远也做不大。”

有一次，卖一个硬盘，高经理诚心诚意地跟顾客讲，最低价860元，实际成本是800元，只赚了他60元。顾客很不相信地说：“是真的吗?”高经理说:“你不相信我,你到其他店铺或者外面去问问,我保证比别人价格低。”顾客转了一圈又回来了,说你这货也可以,但是价格要再少点。高经理说:“那830元吧。”顾客说730元。说来说去,最后820元成交时,顾客竟然拿出一个小放大镜往硬盘上看,然后还紧贴着硬盘闻了闻!回到家里,高经理越想越不是滋味:顾客根本不相信你,还拿放大镜看,这说明什么?说明顾客认为整个电脑城就是欺诈盛行的地方,说明整个电脑城有很多的经营者或销售者都或多或少地存在夸大宣传推销自己计算机产品的言行,说明整个电脑城就是一个不讲信誉的地方;所以你再讲诚信或者现在变得讲诚信了,也会被怀疑。

这也说明在电脑城里做生意,是没有发展前途的!而且与顾客的这种斗智斗勇太累,货也卖得慢;更何况自己辛苦培训的销售人员一旦熟悉工作后,就跳槽或自己开店去了。

高经理最终得出结论,待在电脑城里是不会有出息的,必须对公司进行大的创新!当务之急,就是先把公司搬出电脑城,将总部搬迁到绿景泰大厦。

就在高经理将公司搬出电脑城半年后,由于电脑城出现了严重的信誉危机,很多在电脑城经营的店铺和计算机公司都出现了生意经营的危机,有的倒闭,有的搬出电脑城另租场地重新经营,有的搬出电脑城转行改做其他生意。一年后,电脑城关门停业。

这就是信誉危机对企业的惩罚,对经营者的惩罚。

其实一个企业讲信誉,在客户中树立了讲诚信的好名声,是不会吃亏的,大家都愿意和你合作做生意,能够放心地把业务交给你做,你的企业自然也会越做越大。

作为一个规范化的企业应该要求员工无论是在商务活动,还是在人际交往中,都要做到信誉至上。

经营者不仅自己要意识到,而且还要让企业所有的员工都要意识到不讲信誉就会受到市场的惩罚，甚至丢掉市场。经营者不仅自己要意识到，而且还要让企业所有的员工都要意识到信誉很珍贵，需要每个人用一生的时间来积累，信誉也很脆弱，它就像花瓶一样容易碰碎，而碎了就很难恢复。

信誉是企业发展的基因，是凝聚员工人心的工具。没有生意双方的互相信任，永远不会达成互利共赢的交易；没有员工对企业的信任，永远不会产生有凝聚力的团队；没有消费者对企业品牌的信任，永远不会有持续不断地购买。

因此，讲信誉已成为企业基业长青的必由之路。

▲要点提示8：持久经营的公式

在这里将企业持久经营用一个简单的公式来表示，即：

企业持久经营 = 企业具有持久经营的硬动力 + 企业具有持久经营的软动力 = 专注 + 简单 + 持久执着 + 良好的工作习惯及责任和爱心。

这也说明当技术达到一定程度，竞争者之间基本没有比较优势时，最终决定竞争胜负的是文化、信誉、爱心、责任心和信心！

第三章　触动人心的广告该怎么做

一、广告的深层内涵是什么

▲要点提示1：广告的四次发展浪潮是什么

广告，在市场营销领域中既是一个被反复研究和探讨的问题，也是一个被频繁使用的营销手段和工具。回顾20世纪世界广告的发展历程，从广告主体——人的角度来说，大致经历了四次发展浪潮。

第一次是以生产者为主的发展浪潮，广告关注的中心是生产者及其生产的产品，广告诉求的主要方式是寻找产品的独特卖点。这次发展浪潮中最典型的广告理论就是罗瑟·瑞夫斯的“独特的销售主题”——USP理论。这使得世界广告发展进入了一个以寻找产品独特点为主旋律的时代。时间在20世纪20~40年代。

第二次是以广告人为主的发展浪潮，广告关注的中心是广告人自身的主观能动性，广告诉求的主要方式是发挥广告人自身的创意和策划能力。这次发展浪潮中的最典型的理论是“广告教皇”大卫·奥格威的品牌形象理论，这使得世界广告发展进入了一个以广告人为主旋律的时代。时间在20世纪50~60年代。

第三次是以消费者为主的发展浪潮，广告关注的中心是消费者的消费需求和购买动机，广告诉求的主要方式是研究消费者的消费心理和消费行为。这次发展浪潮中最典型的广告理论就是艾·里斯和杰克·特劳特的定位理论。这使得世界广告发展进入一个以消费者为中心的时代。

时间在20世纪70～90年代。

第四次是以利益关系人为主的发展浪潮，广告已经被自身掀起的一次次浪潮所吞没，变成整合营销传播的一部分。整合营销传播关注的中心是包括生产者、广告人、消费者甚至竞争对手在内的一切和营销有关的人——利益关系人。广告由原来在营销中“独当一面”变成了“独管一线”。时间在20世纪90年代至今。

诚然，这四次发展浪潮的时间划分，主要是依据它们各自的发展高潮来大致确定，是相对的。比如，今天很多人做广告，仍然会使用产品特点的诉求方式。

尽管广告的发展从一个浪潮到另一个浪潮，再到变成整合营销传播的一部分，但广告传播信息的核心功能并未改变。

很多人认为当今社会“信息传播过多”，产品过多，竞争对手过多，人们不再单纯地相信广告，塑造品牌必须依靠可信度更大的公关。那么在公关时代，广告还有作为吗？回答是肯定的！

我们可从以下四个方面来了解广告的深层内涵，进而认识到广告的作为。

第一个方面，很多人都不愿意看广告，遇到广告就躲避。“令人讨厌”是广告的一个特点，说明很多广告缺乏创意，这也说明做广告必须要有创意。创意的核心功能在于让消费者看到广告，即保证广告能够“到达”消费者那里。

▲要点提示2：广告的创意是什么

创意是什么？创意，简单地说就是把广告做得有差异、有卖点。

广告“创意”所要关注的根本问题，就是广告如何才能让相关信息迅速有效地“到达”受众那里？

广告“创意”在解决广告信息“到达”问题上，其根本的创意途径就是在最大限度降低广告费投入的基础上，最大限度地扩张广告的到达率。而广告“创意”的最佳创意途径之一就在于把广告从大众媒体上转移下来，创造一种大众媒体信息“发布”价值之外的“谈论”价值，把广告变成一种街头巷尾的义务宣传，人与人之间的口头传播，这可以说是广告“创意”引发的广告二次传播。如果在此基础上再引发大众媒体上的公共宣传，这可以说是广告“创意”引发的广告三次传播。这说明这个广告“创意”非常好，才会引发广告的二次传播，甚至三次传播。

▲要点提示3：广告的二次传播是什么

那么什么叫作广告的二次传播？广告的二次传播是指传播客体或客体中的一部分自动成为传播主体再次向目标受众传播广告信息的行为，这样，同一个广告实际上相当于进行了两次传播，称为广告的二次传播。若在广告的二次传播后，又被大众媒体进行免费的公共宣传，则称为广告的三次传播。

在实际中，广告如何才能创造二次传播？

▲要点提示4：创造广告二次传播的方法和策略

可以肯定的是，广告二次传播能有效地增强广告的效果。广告的二次传播虽然以消费者为传播主体，但它是由广告一次传播中的广告“创意”或广告创作中的技巧来决定。

通过对很多优秀广告案例的分析，我们发现了一些创造广告二次传播的方法和策略。

①注意创造符合大众口味、易于传播的流行广告语、动作表情、广告歌曲、广告情景等。广告二次传播需要消费者积极主动地配合，就要让其喜欢广告一次传播中的表现，尽量降低其记忆和传播广告的难度。一首一学就会的广告歌曲，一句通俗易懂令人回味的广告语，一个似曾相识的动作表情，常常更容易促使人们主动去传播。当初“斯达舒”刚上市，第一支广告片是“感冒了，快去找‘四大叔’来”，其广告策略是精准的，用谐音的方式让人们记住了“斯达舒”这个在一般情况下难以记忆的名字。

②广告的二次传播需要从人们的习惯行为、常见场景中寻找或衍生广告的表现要素。广告的目的是争取消费者的注意并记住它，但如果能够让消费者在现实生活中回想起它，那就更好了。但往往是，人们在熟悉的环境中会想到相关的事情。因此，广告若能把产品目标消费者共同经历的场景找出来，再适当地切入自己的产品或品牌要素，就会大大地增加广告的回想率。很多优秀的广告就是由于在消费者熟悉场景中进行巧妙的产品或品牌切入才获得成功的，比如田七的《拍照》篇广告。

③在广告一次传播中，所做出的超出受众期望的承诺，如降价幅度很大、保修时间很长等超出了消费者的心理底线，使得看到广告的消费者心情激动、热血涌动，如果不把这一利好的广告信息，尽快地告诉自己的亲朋好友，进行广告的二次传播，就难以使自己激动的心情得以平静。或者出于利益驱使及好奇心理，一般都会去探个究竟，而在这个“探个究竟”的过程中，为了化解风险，常常会拉人一起同行或去征求他人的意见。如果我们在做广告时，能够给出超出消费者心理预期的信息（如低价等），所做的广告就会受到消费者更多的关注和引发广告二次传播的机会。比如，中国联通某分公司，做的“预存300元话费，送您600元话费”的广告刊出后，消费者如潮水般涌入各营业厅，并且大多数是结伴而行。可见这则广告创造的广告二次传播效果显著。

▲要点提示5：小本生意的广告创意展示

在某商业街并排十几个摊位卖马蹄糕，最偏僻的摊位生意却特别好。原来摊位前竖立了一块较大的广告牌，上面有一个很大的“趣”字，下方是一行醒目的大黑字：“自己动手，马蹄糕游戏免费送！”

原来摊主卖得很特别，不是摊主动手切马蹄糕，而是让顾客自己动手切，要多大切多大，切完了再自己称，如果要买的和自己所切的重量误差在一两以内，马蹄糕就免费赠送。如此有创意的广告自然能吸引顾客，而且很多人是结伴而来，这也说明，这则广告的创意引发了广告的二次传播。

▲要点提示6：广告是一种带有倾向性的信息传播吗

第二个方面，“大众性的媒体”是广告的安身之处。但是广告在“大众性媒体”上“自卖自夸”的形象很难让消费者信赖。这就说明通过人际传播比通过“大众性媒体传播”更令人信赖；如果一定要依赖“大众性媒体”传播，广告也不是一种“说服消费者购买性”的信息传播，而是一种带有“倾向性”的信息传播，因为每个人都不愿意被“说服”。

从“说服”或“信赖”方面看，广告的作用自然逊色于公关，逊色于公共宣传。公共宣传有着很高的可信性，因为它处在一个和市场营销无利益关系的“第三方”位置，它的对象是社会公众，它是“无利益关系的人”，这是以新闻报道为主的公共宣传得以让人相信的主要原因。而我们常常看到的“报纸或杂志软文”和一些“事件炒作”，就是力图借助公共宣传来增强人们信任度的一种“变相广告”手段。

虽然人们很相信公共宣传，但是公共宣传作为一种与营销中的任何一方都没有利益关系的“社会公器”，并不能代替广告，更不能像广告宣传那样带有明确的“倾向性”，公共宣传一旦带有倾向性，它就丧失了作为“第三方”的可信性。而广告则可以通过一定的“倾向性”来影响消费者。

所谓广告的“倾向性”，在于“暗示”一种与竞争对手的区别，广告的直接诉求对象是消费者，但是广告确实是通过排挤、压制竞争对手而给消费者留下印象的。

从广告案例中，我们可以发现很多有实效的广告基本都是通过区别和排斥甚至打击竞争对手的方式来暗示消费者一个购买自己产品的理由。比如，某食品公司在广告宣传中，特别标注“本公司生产的食品不含任何防腐剂”。这种广告的倾向性给消费者造成一种错觉，那就是别的公司生产的食品可能含有防腐剂。这不仅提供给消费者一个购买某食品公司所生产的食品的理由，他们还会主动远离某食品公司的竞争对手。

广告在产品的上市推广过程中，如果一时找不到竞争对手的“软肋”，广告的技巧就在于预先给竞争对手“定位”，通过暗示自己的“硬肋”以衬托竞争对手的“软肋”，并在不经意之中透露给消费者，从而影响消费者。

▲要点提示7：为什么做广告要把“广而告之”变成“窄而告之”

第三个方面要明确的是，广告的发展始终是从“广而告之”向“窄而告之”进行的。因为只有“窄”才会更精确，才会更多地减少不必要的浪费。人们都在力求把广泛撒网的广告变成一种极为精确的目标广告，广告的定位理论就是削减广泛撒网的广告信息，把传统的“广告”变成“窄告”，只对很少数的人（目标消费者）说很少量的话（一则广告只有一个诉求点）。

“广而告之”的特点是向需要某种信息和不需要该种信息的人广泛发布信息。你身体健康，没有胃病，它也持续不断地向你发布“治胃病药”的信息；你不需要补钙，它仍然让你每天都花大量宝贵的时间去接收“很多人缺钙”的宣传。

与“广而告之”不同的“窄而告之”，其实质就是信息的个性化服务。所谓的信息个性化服务，就是只向那些需要某种信息的人发布该种信息，而不去打扰那些不需要该种信息的人。

▲要点提示8：如何进行准确定位来提高广告的效果

决定广告定位的因素很多，比如，企业的规模实力、竞争状况、发展计划、形象口碑，以及产品的品种、特性、生命周期等。另外，还需要考虑诉求对象的各种特点。很多取得推广成功的企业产品，大多是客观上已经形成了自己的定位，其成功的广告策略是鉴别、提炼出自己的定位，然后深化定位概念的宣传，强调自己产品的独特点、优点，以便让消费者了解并购买。

比如，珠雅化妆品在产品推广宣传时，宣传战略重点是引起并加强对珠雅产品的信任度与关心。

其广告策略是提升珠雅化妆品的新产品格调，直接定位诉求：强调产品的核心价值是“纯天然保养护肤，高档美容化妆品”，建立“珠雅有一份个性美”的清新形象。

不少产品因缺乏准确的定位，常常跟着市场的感觉走，不断尝试不同的广告诉求，一旦新想法太过于注重眼前市场的某种倾向性东西，就很容易忽视产品本身特有的东西，而使广告远离主题；没有体现出自身特有定位的产品广告，往往表现的只是产品本身，而消费者在看见产品时，首先联想到的是印象很深的产品领军品牌。有调查资料显示，在国内的一些中小城市，每当电视画面上出现洗发水的广告，人们往往以为是宝洁公司的海飞丝，可见，不知有多少洗发水品牌在背后默默地“支持”着海飞丝等宝洁公司的洗发水品牌。

第四个方面，现在有不少人认为谁的广告能够吸引更多人的注意力，谁就会成为赢家。现代传播学的研究也证明，信息只靠信息本身的强大力量，就可把消费者头脑中的其他竞争对手驱赶出去，这种认为大众传播媒体具有强大力量的观点，最初源自巴甫洛夫著名的“经典条件反射”中的“刺激—反应”论。此理论认为，消费者头脑中现有的经验和观念都很容易被广告传递的信息所取代，只要能比竞争对手提供更多的信息，就能“盖住”消费者头脑中的原有信息。

但我们认为这种观点和理论，只适用于那些市场需求非常大的常规类产品。比如，某些食品和某些生活类用品采用“广告无定位”策略，进行大范围的广告轰炸反而成效显著的原因，就在于这些产品的市场需求非常大，以及企业的实力和广告策略的正确运用。

因此，作为企业只有了解广告的深层内涵，才能在实战中更好地确定广告该怎么做，才会使所做的广告有好的效果。

二、如何做广告才有好效果

（一）做广告的三个时代

▲要点提示1：做广告经历了哪几个时代

很多的企业经营者抱怨，如今投向媒体的广告越来越多，为何广告的效果却越来越弱，越来越不明显？这是因为他们忘记了我们现在所处的广告时代，忘记了在这个时代，广告该怎么做！回顾1978年以后的中国广告业，已经悄然经历了三个时代。

1980—1989年是广告业的第一个时代，中国经济尚处在商品短缺的卖方市场，各企业的产品销售顺畅，供不应求。企业大多没有做广告的意识，此时，只要企业投放媒体做广告，一般都会产生好的效果。太阳神口服液广告的成功，就是一个例证。

1990—2000年是广告业的第二个时代。随着各行各业市场竞争激烈化程度的加剧，企业开始陆续萌发做广告的意识。此时，只要投入大量高密度的广告对消费者进行猛烈攻击，也能取得好的效果。秦池、巨人等品牌的树立，就是这个时代的典型代表。

2000年后，中国经济全面进入买方市场，此时，即使企业用于做广告的费用足够多，所做的广告也足够多，是否能取得预期的成功，也仍然是一个未知数。因为这时的广告业已进入了一个分众时代。

很多企业经营者抱怨，广告做得越来越多，而广告的效果却越来越不明显。这正是因为他们忘记广告业已进入一个分众时代，忘记了在分众时代的广告该怎么做，却仍然沿用过去传统的方式和策略在做广告。从而导致广告的效果难以令人满意。这其中的具体原因主要如下。

第一个原因，企业所做广告的分众性太弱。1998年后，中国经济驶入高速发展的快车道，社会贫富差异开始变得明显起来，收入的巨大差异决定着不同收入的人有着全然不同的品牌偏好和产品需求。

但大多数的广告媒体却仍然追求覆盖尽量多的人群，结果导致企业所做的广告，被很多不该看到的人看到了，而应该看到广告的人却很少。比如，丰田汽车的广告投放在各大电视台播放，当然可以让数千万的观众看到，但绝大多数的观众都不是丰田汽车的目标消费者。这就使得企业所做的广告没有真正面向它的目标受众，进而出现企业所做的广告虽然很多，但广告的效果并不明显的状况。

第二个原因是，在广告的分众时代，各种广告太多，广告的相互干扰性太大，使得消费者不易记住广告。20 世纪末播放的《渴望》电视剧，在每集演到适当的时刻，会跳出一个片中广告——“代劳力”。广告词的第一句是：“刷厕所是人们最不愿意干的家务劳动。怎么办？‘代劳力’替你干。你只要将‘代劳力’放到便池的蓄水箱中，它就会有效地防止便池结尿碱。”随着广告的播出，该产品销售额猛增，一下子使危机四伏的公司走出了困境，救活了企业。

虽然几十年过去了，但很多人对“代劳力”这个产品广告仍然记忆犹新。可是如果你问他们最近在电视上看了哪些广告，他们却很难告诉你。不是他们没看广告，而是看得太多了，能给他们留下印象的广告没有几个。

第三个原因是，广告的强迫性不够。企业如果在报纸上做广告，阅读者可以视而不见，越过广告版面，去看其他内容；企业如果在电视上做广告，观众可以按一下遥控器，调换其他电视频道。你能约束他的行为吗？那该怎么办？

（二）做广告的一般运作模式

▲要点提示 2：做广告有可借鉴的运作模式吗

要想使自己所做的广告有好的效果，首先要明确做广告的一般运作模式（或者说怎么运作一个产品的广告）。

在这里，我们将做广告的一般运作模式简单地表述为：第一要确定所做广告的产品目标市场在哪里；第二要调查了解所做广告的产品，它的目标市场客户对这类产品所需要的是什么，怎么想，心理状况如何；第三是考虑产品本身的特点（如卖点、功效作用、包装等），以及售后服务有何特色等；第四是考虑与判断产品目标客户的这种“需要和心理状况”与产品所具有的“卖点”最吻合的，具体是哪一类人（列出这类人的性格特征，所从事的工作、文化状况等），哪些是需要经过争取，才能认同自己的产品，才能掏钱购买产品的消费者；第五是考虑所做的这个产品广告通过什么内容、形式、方式表现出来，更易被目标客户所接受（如画面应该怎样表现、文字应该怎样表现等）；第六是考虑广告媒体的选择，以及刊登或播放的时间，刊登广告的版面或播放广告的时段选择；第七是考虑所能承受的广告费用（或进行广告预算）；第八是考虑第一轮广告后，广告形式的变换与递进；第九是考虑广告进行中的监控调整与效果评估。

（三）增强所做广告的分众性和强迫性

▲要点提示3：做广告要注意增强所做广告的分众性和强迫性

在广告业的分众时代做广告，自然要强调增强广告的分众性和强迫性，这样才会使更多的目标客户看到。代理销售国内外众多名酒品牌的富香春酒业有限公司的关经理在一高档写字楼等电梯时看到电梯门上右边的一个招贴广告，使得近段时间来因为公司所做的广告所显示的效果不理想而一直愁眉不展的他，突然变得激动起来。

关经理想，如果把招贴广告换成形象的电视广告，会出现怎样的结果？首先，所做的广告会具有很强的分众性，因为出入写字楼乘坐电梯的大多数人都是白领，有着差不多的收入水平和消费偏好，他们中的很多人都是名酒的消费者；其次，所做的广告也具有很强的强制性，因为它正好就处在空间狭窄的电梯口前，让乘客很难逃避，更何况在等电梯的空闲时间里，必定会有很多乘客愿意观看广告。

随后关经理委托广东的一家工厂代为研发生产所需的液晶电视。不久，他定制的第一批液晶电视同时出现在本市 30 座重要的商业楼中，并很快在更多的楼宇中安装起这样的液晶电视。

为了检验楼宇液晶电视的广告效果，关经理在推广一款仙表名酒时，有意做了一个测试，关经理分别以“抗疲劳”和“增强免疫功能”为诉求点，做了两个版本的广告，其中“抗疲劳篇”专门在本市的电视台播放，“增强免疫功能篇”则在楼宇的液晶电视上播放。广告同时播出后，很多顾客直奔富香春公司在本市的各销售点，甚至来公司的总部购买。其中提出要买“增强免疫功能”的仙表酒的人数，远远高出提出要买“抗疲劳”的仙表酒的人数。

这个结果让关经理大吃一惊，从此，关经理的富香春酒业公司把公司所代理销售的各类酒产品广告，大多数都投放在自己安装在各楼宇的液晶电视媒体上，同时也将各楼宇液晶电视媒体的部分时段租赁给广告公司发布相应的广告。

（四）将广告变成“定向服务信息”

富香春酒业公司在各楼宇安装液晶电视做广告，意图有针对性地覆盖目标客户受众，尤其是中高收入人群，由于其所采取的广告传播手段有别于传统的“广而告之”的传播通道，不仅广告的效果非常明显，而且花费较少的广告费用，就能够将自己销售经营的各种酒产品的信息和服务信息发布传播到特定的目标客户手中。

但仔细分析一下，就会发现，富香春酒业公司对目标客户的“分类”还是太粗线条了，因为在其针对的目标群体中，还包括不是中高收入阶层的人员，如在楼宇中从事辅助性工作的清洁工、送发邮件人员、保安等；即使在中高收入人群中也有多种分类，如进入公司工作 1～3 年的年轻人员，进入公司工作 3～7 年的管理和技术人员，进入公司工作7年以上的中高级管理人员和技术人员，公司的总经理等。

这些人员由于年龄、资历和职位及收入的不同，他们对产品的需求是有很大差异的，但在富香春酒业液晶电视屏幕面前，他们不得不每天面对相同的产品及服务广告。一家公司的中高级管理人员可能要与大楼的保安在电梯旁，同时观看相同的广告内容。这说明富香春酒业公司在楼宇安装液晶电视做广告的手段仍然残留着传统广告手段的某些缺陷。其并未上升到为潜在客户提供更符合需求的"定向服务信息"的高度。这种情形，在其他领域中也可以看到，如网络广告等。

▲要点提示4：如何将广告变成"定向服务信息"

在实际中，如何将广告变成"定向服务信息"？在这里，通过移动通信网络案例来说明信息技术的应用能够使广告变成更为有效和更受客户欢迎的"定向服务信息"。

移动通信网络的运营商所掌握的移动电话用户的信息是比较全面的。这些信息不仅包括移动电话使用者的姓名、性别、住址、出生日期、联系方式等静态信息，也包括使用者很多重要的动态信息。比如，每月使用的话费金额、每月话费金额的构成内容（长途电话费、本市电话费、国内漫游费、国际漫游费、短信费、彩信费、上网费等）、每天开关机时间、个人信誉度状况（是否有欠费等不良记录）、使用者每天地理上的活动范围等。以上移动电话使用者动态信息的记录均由移动通信网络的计算机和服务器自动完成，而移动通信网络的"蜂窝状"布局，则能够很准确地记录每个移动电话使用者时时刻刻的活动范围。因此，在移动电话使用者静态信息的基础上，通过对所有相关动态信息及数据的分析，就能够对移动电话使用者进行很准确的分类，而这种分类手段的应用就能够实现使传统广告向"定向服务信息"的转变。

例如，可以将移动电话使用者按每月使用话费金额的不同，分成高端用户（200元以上）、中端用户（80~200元）、低端用户（80元以下），然后经过市场调查确定这三类用户的喜好和产品需求状况，并根据每个用户的购买力和喜好及对产品的实际需求状况，在寄送移动电话账单时有针对性地放入有关产品和服务信息。在实际的操作中，这种分类还可以做进一步的细化。

通过对移动通信网络计算机和服务器上众多客户数据的深入分析，就能够很清晰和很准确地区分潜在客户并发现目标客户，进而及时地为他们提供相关的产品和服务信息，这就是我们所说的“定向服务信息”。

（五）将广告做到客户的“家”

▲要点提示5：检验广告效果的公式

广告的效果，可以用一个简单地公式来表述，即广告的效果＝广告的创意×广告的媒体。通过调查了解发现，大部分的广告创意对消费者来说都是差不多的，即大部分的广告创意基本上都是大同小异，而广告媒介的运用是指把广告用最少的钱送到最多的受众眼中、耳中及心中。由此可以看到，如何运用广告媒介便会直接影响广告的效果。

▲要点提示6：如何将广告做到客户的“家”

桂宜乳业公司是一家成立不久的乳制品公司，所推出的两个新产品木瓜奶和花生奶都是高科技的植物奶，两个产品的区别是木瓜奶香甜可口，适合夏天口渴时饮用；而花生奶是甜中带有一点儿酸味，营养价值相对高一些。

桂宜公司的市场分析资料显示，本地的奶类市场大部分已被伊利和蒙牛等鲜奶品牌所占据，而植物奶市场则被本地的另外两家乳制品公司所生产的植物奶产品所占据。要冲破这样的市场环境，提高桂宜品牌的知名度及试用率，可谓困难重重。

另外，桂宜公司的客户市场调查资料显示，植物奶饮品的主要购买对象是12～40岁的女性。由此，桂宜公司市场部围绕两个产品的目标市场，对广告媒体的运用展开了广泛的调查和研究。

对于两个新产品的推广来说，电视的视觉和听觉冲击力较强，是一种非常有效的传播媒体。但本地的电视媒体较多，观众十分分散，广告的到达率也很低，并且价格较高。

户外广告，特别是在繁华商业区路段的公交候车亭玻璃墙内外做广告，不仅有很强的视觉冲击力，也有多频次的接触。因此，可以考虑以电视广告的视觉、听觉、动态提示，与户外公交候车亭玻璃墙内外广告的冲击力和多频次接触相互呼应，以提高桂宜品牌的曝光率和覆盖范围。但是，这并不能使消费者清楚地了解桂宜公司所推广的“两个新产品”的好处在哪儿，难以激发消费者的购买欲望。要提高产品的试用率，甚至实际购买率，必须选择更为贴近消费者的媒体。

桂宜公司市场部通过广泛调查、深入研究后，最终选择在居民住宅小区的三个不同位置做广告，即在人们“家”的所在，在人们最感亲近和人口较集中的地方选择三个不同位置。第一个位置选择在住宅小区大门右侧，这是居民住宅小区的每位居民回家的必经之地；第二个位置选择在住宅小区内休闲广场旁的相应住宅墙体（这要视情形才能确定，如是否有可利用的墙体等），住宅小区内的休闲广场是住宅小区居民晨练和休闲的场所；第三个位置选在居民住宅小区内各栋楼的电梯内。在这三个位置上做广告，均具有环境单一、广告干扰度小的特点，特别是电梯广告目标对象更集中，广告的强迫性程度更强，并且高层住宅小区的居民消费力较强。这样桂宜公司的新产品市场推广运作方案就基本形成了。

整个广告组合策略由两个阶段组成。

第一阶段，桂宜公司的电视广告和公交车候车亭玻璃墙内外广告最先出现。两种新产品的广告按月交替进行，大约做 6 个月。第一阶段广告的目的是配合桂宜新产品的市场推广，提高桂宜的形象和知名度。

第二阶段，桂宜公司的广告逐渐出现在居民住宅小区的大门旁、休闲广场和电梯上。根据各住宅小区附近超市和商场中桂宜新产品的铺货情况，挑选居民住宅小区，布置居民住宅小区大门旁广告、休闲广场旁广告和电梯广告，以配合销售。

由于本地的居民住宅小区很多，而桂宜公司的广告预算非常有限，对此，桂宜公司市场部的考虑是，由于消费者对居民住宅小区大门旁广告、小区内休闲广场旁广告，以及电梯广告的接触频率较高，阅读容易深入，因此广告的边际阅读率将会随着时间的推移而逐渐减弱，因而广告没有必要展示很长的时间。所以，桂宜公司市场部将每个住宅小区的三个不同位置的广告展示时间设定为 36 天，每 36 天更换 30 个居民住宅小区，这样就能缩减广告成本开支，并扩大广告宣传的覆盖范围。

另外，在普通住宅小区内，由于没有电梯，因此，只在居民住宅小区大门旁和休闲广场旁的适当位置做广告。总之，视每一个居民住宅小区的具体情形来确定。

桂宜公司的整个广告组合策略推出后，广告效果非常显著，桂宜公司市场部的两部销售热线电话的铃声响个不停，各经销商和超市商场纷纷打来订货电话；桂宜公司推出的两个新产品的市场销售前景一片良好。

三、做广告的策略

（一）广告创意和策略的关系

▲要点提示 1：广告创意和策略是什么样的关系

创意是解决“如何卖产品”的问题，而策略是解决“卖给谁，卖什么产品”的问题；策略可以说是创意的灵魂，没有策略指导的广告创意只是策划者自娱自乐的工具。没有策略指导下的广告作品，只是自我想象和感觉下的作品，没有方向，其实用性很低。策略来自对市场的深入了解和深刻把握，来自对消费者的深刻分析和研究。

策略对了，创意一般，也可以有较好的销售力。其实很多产品的广告创意表现，实在不敢恭维，但这并不影响它们产生令人惊奇的销售额。它们的广告诉求一般都非常简单明确，而且尖锐，采用几乎相同的格式："怎么怎么就怎么怎么"。

在经商实战中，广告定位一定要明确，诉求一定要尖锐，这也是广告策略。

（二）广告要有得分点

▲要点提示2：为什么做广告要有"得分点"，广告的"得分点"又是什么

我们要明确的是，企业产品销售量的剧增，绝不仅仅是铺天盖地宣传的结果，而是在那些貌似平常的广告手段中，有一种东西说到了消费者的心窝里，这种东西就是"得分点"，广告宣传是否有效，是否事半功倍，完全在于"得分点"的把握。我们要明确的是，并不是所有的企业都具有大规模做广告的实力，只要我们深刻洞察、了解市场，熟悉所在行业的运行特点，把消费者的内心所想所望分析琢磨透彻，广告宣传中抓住要害，言之有理，就像学生参加考试一样，只要答出"得分点"，即可获得高分，因为，在所有的营销策略选择和实施中必定只有一招能起到决定胜负的关键作用。

为什么我们每天接触大量广告，却很难有什么广告在我们的大脑里留下很深的印象，因为这些广告缺少"得分点"。

从广告传播学上讲，广告最根本的特征在于重复。但是如果你所做的广告没有"得分点"，受众没有兴趣，重复多少遍也是没用的。广告的"得分点"，通俗地说就是广告在传播过程中给受众制造的"记忆符号"。有了这个"符号"，即使消费者忘记了品牌，他们也会凭借这个"符号"记住广告并产生相应的购买行为。

泰康食品厂生产的“福字牌”饼干，在20世纪30年代的中国占据着很大的市场。但有意思的是，尽管很多人都喜欢“福字牌”饼干，却很少有人认“品牌”购买，甚至还有很多忠诚的消费者根本不知道自己喜欢的，并且经常购买的饼干是“福字牌”的。你一定感到很奇怪，很不理解，不知道是什么品牌，为什么还能执着地“忠诚”于品牌呢？这是因为泰康食品厂的饼干广告宣扬了一个比“品牌”更显著的“记忆符号”——大公鸡。“福字牌”饼干的外包装上印有一只非常醒目的大公鸡，占据了包装的大部分画面，正是因为有了“大公鸡”这个“记忆符号”，人们在购买饼干时就忽略了“福字牌”，但只要记住“大公鸡”，就自然不会买错。在这里，“大公鸡”就是广告的“得分点”。可见，真正能够让消费者记住的广告都是有“得分点”的。

（三）做广告的方程式

▲要点提示3：如何利用做广告的方程式来做广告

广告的策略比广告的创意更为重要，很多成功的广告说明了这一点。策略不对，一切白做！20世纪末，海宁特公司推出了“荣康舒”产品，诉求“亚健康”。这个诉求很空洞，消费者无法简单明了与之对位的诉求策略，几百万元的广告费扔进去，只普及了亚健康教育，自己却血本无归。

为了避免类似情形的出现，在这里我们给出一个做广告的方程式。即，做产品广告 = 提出问题 + 解决问题。

首先，广告应指出消费者所面临的一个问题，来吸引消费者的注意。其次，广告应迅速告诉消费者，有一个非常好的解决办法，就是购买广告中的产品。广告着重于理性诉求，重点强调广告中的产品可以为消费者带来什么好处。在广告的表现形式上，可采用比较法、数字法和证言法，也可在一个广告中，同时运用几种表现形式。

在这方面，宝洁公司就是一个非常好的范例。虽然宝洁公司的广告在表现形式上并无特别的创意，基本上都是在向消费者直接陈述产品的功能，基本上都是先提出问题，然后提出解决问题的办法。宝洁公司的每个产品都坚持把握一个策略，并持续一致地进行传播，这充分体现了宝洁公司的执着和智慧。宝洁公司正是依靠这种广告策略，在世界各地取得了巨大的成功。

在新碧浪洗衣粉的产品广告中，身为导游的广告女主角，因为工作关系，总是要在客人面前保持干净整洁的形象，可是衣服弄上了好大一块的油渍，怎么也洗不干净，怎么办？（以上为问题提出）没办法，心爱的衣服只好“下岗”了。直到有了新碧浪，再顽固的污渍也能洗得掉，衣服就像新的一样。问题解决前后的洗衣效果比较，让新碧浪的产品特点——超强的去污能力一目了然，并且价格也很实惠。

在洗发水的广告中，宝洁公司同样是先提出问题，如头皮屑多、头发干燥等。其次是解决问题的办法，让权威的专家来告诉你，去头皮屑就要用海飞丝。最后是展示效果，使用海飞丝后，通过前后对比，头皮屑被一点一点地清除，秀发自然更靓丽。

宝洁公司的很多广告都采用有效的对比，进行产品使用前后的效果对比。宝洁公司的洗衣粉、洗发水等产品在市场上能够占有很大的市场份额，很大程度上得益于它的比较广告策略。

（四）免费做广告的策略

随着社会媒体数量的急剧增多，媒体之间的竞争也日益激烈，各媒体对好新闻素材的需求也更加急切。因此，只要企业的营销行为具有新闻性，媒体是很愿意免费报道的；这样，企业就可以从中免费宣传自己，媒体也可借此吸引读者或观众，是一举两得的好事。

▲要点提示4：如何制造新闻才能让媒体免费为自己做广告

那么企业应该如何制造新闻素材，才能让媒体免费为自己做广告宣传呢？

（1）能体现时事热点。

由于时事热点问题能够反映出一段时期的相关政策导向，那么相关政策执行的具体案例，则是媒体非常需要的。在我国加入世界贸易组织（WTO）后，有关知识产权保护的内容，就成了时事热点之一。农郁公司顺应时势，从本公司图书室所收藏的图书中，查找出很多盗版书，并当众烧毁。由于这是本省企业最先自觉抵制侵犯知识产权盗版行为的举措，意义重要，因而得到全省各主要媒体的相关报道，无形中树立起农郁公司与世界接轨的良好形象，为企业赢得了赞誉，并大大提高了农郁公司的知名度。

（2）将营销和公益活动相结合。

有远见的企业常常会把营销和公益活动结合起来，这样做的有益之处在于，既促进了企业销售又提高了企业形象，同时还能引起媒体的注意，得到媒体的支持。

恒宇星超市推出了“绿色环保，从我做起，布袋购物，享受优惠”的活动。活动规定：“凡消费者自备布袋购物可享受超市 2%~7% 的让利优惠。”这项立足环保的公益营销活动深受消费者好评，人们纷纷响应；同时，此举被看作解决塑料袋污染的典型做法，大大提高了超市的美誉度和知名度。

（3）围绕读者或观众关注的焦点。

在很多大中城市，都市晚报或电视台的都市新闻栏目，凭借贴近老百姓的日常生活而拥有很多的读者或很高的收视率。引起百姓的关注正是都市晚报或电视台都市新闻栏目取材的出发点。如果企业能够把自身的营销活动与读者或观众关注的焦点问题联系起来，其营销活动就会成为都市晚报或电视台都市新闻栏目的新闻素材。

针对很多菜市短斤缺两较为严重的现象，精平衡器厂向所在城市的 30 个主要菜市场的市场管理办公室，免费赠送一批先进的电子公平秤。此举立即被所在城市的都市晚报和电视台都市新闻栏目予以重点报道，并引发了市民的热议，提高了精平衡器厂的知名度，并推动了精平衡器厂产品的销售。

另外，像一年一度的全国高考也是百姓关注的焦点，那些为高考考生提供新颖服务的营销活动，就比较容易得到媒体的报道。如某宾馆推出的“高考特价房”，专门为考生提供清静的复习环境；某出租车公司推出的“免费接送参加高考的考生”活动。这些新颖的服务信息，马上出现在当地的报纸和电台及电视台上，企业可谓挣足了面子。

（4）企业要注重创新。

为什么海尔总能吸引新闻媒体的眼球？其秘诀就是海尔注重创新，而这种创新结出的硕果，自然成为了媒体感兴趣的素材。因为媒体永远都是在找新鲜的事情报道，因此企业也要常常有一些新的东西给媒体“闻”。比如，海尔在美国购买的大楼，它就是一个新闻事件，国内外很多媒体都从不同的角度对这一事件予以分析和评价。

因此作为企业要明确的是，企业不仅可以生产产品，而且也可以“生产”新闻。

（5）制造的新闻——能够击中人们心中的要害。

企业所制造的新闻，只有击中人们心中的要害，才能成为人们议论的热点、媒体关注的焦点，才能很好地利用媒体传播和人际传播渠道，进而形成复合传播的可观效应。

北京富亚涂料的迅速成名，就是制造新闻营销的结果。21 世纪初，富亚涂料策划举办了一起“真猫真狗喝涂料，富亚涂料安全大检验”活动。

但活动现场的很多人认为以动物来做试验，既不公平，也不人道（显得很残忍），并加以劝阻。眼见活动就要流产。这时富亚涂料公司的经理见状宣布：“考虑到现场观众的情绪，决定不让真猫真狗喝涂料，改为自己亲自喝涂料。”

富亚涂料公司经理亲自喝涂料的举动，立即获得了极大的新闻效应。当时，某著名媒体播发了一篇数百字的通稿《为做无毒广告，经理竟然喝涂料》，其后不仅北京的各大媒体先后予以报道，全国的很多媒体也纷纷予以转载。有人统计，全国至少有超过百家的媒体报道或转载了这一消息。在这样高密度的报道宣扬过程中，富亚涂料的知名度自然越来越高，很多人就是通过这次新闻营销事件，才知道在北京有一家生产安全环保的涂料企业，富亚涂料的销售量也随之猛增，真可谓名利双收。

在这里需要强调提醒的是，为媒体提供素材只要清楚地描述事件本身即可，切忌加入过多的主观评论。在策划举办活动时，应多站在媒体的角度，明确活动的社会意义，为媒体的报道做好资料和观念上的相关准备，力求所举办的活动获得成功，力求媒体的报道获得所期望的效应。

（五）口碑广告策略

在生活中，人们总是喜欢把自己的经历或体验转告给相关的人，特别是那些令人难忘的经历或体验；如告诉别人自己最近出去旅游遇到的新鲜事，刚看过的那部影片是如何的刺激，刚去过的那家饭馆有好多自己从未尝过的新菜……如果人们的经历或体验是积极的、喜欢的，他们就会积极主动地向他人推荐。

因此，企业应特别注意口碑广告的作用，如果企业能够善于运用舆论，制造社会谈论焦点、制造流行趋势，就能达到“口碑创造奇迹”的效果。

对于自己的企业所生产的产品是否适合做口碑广告，可依据以下两个标准来判断：一是企业所生产经营的产品要有某种独特性，或在外观上有某种独特性，或在功能上有某种独特性，或在用途上有某种独特性，或在产品的价格上有某种独特性等。并且产品的这种独特性是能够吸引消费者或特定消费者的，或者说产品的这种独特性是能够令消费者或特定的消费者感兴趣的。二是企业所生产经营的产品要有适合做口碑广告的潜力，并且这种潜力是消费者看得见摸得着的，是消费者能够感觉到的，如某化妆品，对脸部皮肤具有很好的美白效果，消费者购买使用后，就会感觉到美白的明显效果。

▲要点提示5：利用口碑做广告的方法

在实际的操作中，企业可以有的放矢地让消费者感受企业所生产经营的产品。

利用口碑做广告的具体方法有以下几种方式。

第一招，抢占意见领袖或选定“尝鲜者”。榜样的力量是无穷的，让意见领袖行动起来，让他们去感染其他的消费者。比如，高档白酒和高档香烟的意见领袖，可以选择企业的高层管理者和政府公务员等。

第二招，限制供应量。在实际中，人们总是很希望得到他人不能轻易得到的东西。像《新风威驰》广告片，是丰田公司花巨资专门为其旗下的新产品——威驰轿车在国内上市打造的一部广告片，这部广告片制作的精细程度很高。但是令人疑惑的是，《新风威驰》仅在某著名电视台黄金时段播出一次，此后就秘不示人，主动采用了“限播”策略。人为地“隐藏”广告，反而为丰田公司的新产品威驰轿车的国内上市赚足了关注力。这是因为广告片的“限播”，使得广告效应由“媒体传播价值”变成“街头到处议论价值”，变成了口碑广告传播，人们一边纷纷地议论，一边到处寻找这部广告片，通过朋友寻找或网上搜寻等。这时，人们是否能看到这部广告片，已经无关紧要，重要的是这部广告片的广告作用及其延伸的口碑广告作用已经达到。

你不要以为丰田公司花重金拍成的广告片只在某著名电视台播出一次是赔本的做法。而事实是，有意“限播”的《新风威驰》广告片，只花了一次购买媒体播放的钱，却创造了消费者大量的口碑广告免费传播，丰田公司新产品威驰轿车也由此获得了难以计算的免费口碑广告传播的次数。

另外，很多奢侈品生产企业也常常使用此招，效果比较明显。这也使得很多供应商效仿。

第三招，依靠借助偶像的力量。既可以提高产品的知名度，又可以更多地引发人们的关注和议论，造成口碑广告传播的效应。如迈克·乔丹在耐克产品广告中的频频亮相，使得耐克产品成为全球名牌。

第四招，借助排行榜的说服力量。各种排行榜往往是制造口碑的一个有效工具。点击率很高的歌曲将会有很多的人听，很多人看的电影将会有更多的人看，很畅销的名著将会变得更加畅销。

第五招，让产品的用户替企业做宣传。此方法的目的，在于强化用户对品牌的忠诚度，具体的操作方法则是找出所推广产品的第一批买家或曾经已使用过该产品的用户，并且具有较好的口头表达能力及注意表达的方式，或者经过企业有针对性的培训后，再由他们去说服新的潜在买家或用户。

企业必须根据产品的特点和自身的实际情况决定采用以上 5 种方法的哪一种，按怎样的程序步骤运作。一般来说，首先是抢占意见领袖或选定“尝鲜者”及限制供应量，以便占领市场优势；其次在产品大批量上市时，再运用依靠借助偶像的力量进行广告宣传。

企业在给自己的产品做口碑广告时，要特别注意，不要再用大量的广告信息冲击影响消费者，而是多想办法鼓励消费者议论或使用自己的产品，以及说服他人使用产品。产品的媒体宣传介入时机很重要，否则可能终止消费者对产品的讨论，使口碑广告传播面临流产，从而给企业带来不必要的损失。

（六）隐性广告策略

隐性广告很受广告主的欢迎。在电视剧、娱乐节目、各种节日晚会，以及现代的网络游戏中，我们随处都可看见隐性广告的踪影，而且广告的效果也非常明显。

人们常说的隐性广告，一般是指与显性广告（显性广告一般是指在媒体中位置较为确定，自成一体，与媒体的正常内容界限分明，很容易辨别的广告）有着很大差异的商业宣传推广。有的还与媒体的内容融为一体，其功能与目的和广告是一样的，但其间接效用比显性广告更突出。

作为广告发展更高层次的隐性广告，其目的就是要让人们的精神生活商业化，以达到广告效果和消费者精神享受的完美统一，使消费者在不知不觉中接受广告的信息。

▲要点提示6：做隐性广告的方法

在实际操作中，做隐性广告一般采用的方法如下。

（1）利用“播种法”做隐性广告。

所谓“播种法”，是指抓住某种产品消费上的“意见领袖”，利用他们在此类产品消费中所扮演的先锋角色，来影响更多的消费者购买消费此类产品，并尽力地促使此类产品成为一种流行趋势。例如，体育用品生产企业让世界级的优秀运动员无偿使用企业生产的产品，服装生产企业把重点推广销售的时装免费赠予时装模特等。

（2）利用影视作品做隐性广告。

在影视作品中，故事的主要人员使用一个现实生活中的商品。具体表现形式是该产品及其标识在作品中的出现，或者是该产品的有利特点、有利特性在作品中被提及或展现出来。如电视剧《天下第一楼》的热播让观众强化了对全聚德的认知。

（3）利用节日晚会做隐性广告。

很多企业都喜欢利用节日晚会做隐性广告，因为节日晚会是隐性广告得以传播的强大载体。如每年中央电视台的春节联欢晚会，其总收视率，基本上都超过80%，全国还有数百个电视频道转播晚会的内容，通过这样一个多重有效地覆盖，使这台晚会最大限度地走进了千家万户，走进了人们的记忆中。

在春节的很多电视频道上，人们常常听到“某某产品祝全国观众春节快乐，吉祥如意”之类的话语，这就是隐性广告。

另外，还有拜年发贺电的企业，以及在晚会结束后，所出现的一长串鸣谢单位，都是在提醒观众企业的存在，以加深观众的印象，赢得观众的好感，其实就是在做隐性广告。

（4）利用公益广告做隐性广告。

企业自己发布制作的公益广告，其实就是一种隐性广告。公益广告的表现，一般是引领人们去关注某种事物或现象，或者造成人们情感上的共鸣，或者倡导一种正确的社会风气。观众对公益广告一般表现出热情和耐心，从而提升企业在消费者心目中的正面形象，达到企业和消费者“双赢”的效果。这种隐性广告的表现，有时在公益广告中间的个别镜头中显露出企业自己的产品，有时在公益广告的结尾显露出企业自己的标识，有时两者兼顾显露。

2004 年，大众汽车所做的一个公益广告，令很多人至今仍记忆犹新。广告中出现了各行各业的劳动画面，并与正在举行的雅典奥运会的比赛项目巧妙连接，画面精美，解说有力，让很多观众看了心潮澎湃。广告的最后出现了大众汽车的标识，与整个广告非常和谐地融为一体，让观众发自内心的欣然接受，并对大众汽车产生出强烈的好感，提高了大众汽车的美誉度和知名度。

另外，企业在做隐性广告时，还要特别注意以下两个关键点。

第一，选择合适的载体。有了合适的、比较好的传播载体，才能让广告更容易被消费者看到。

第二，隐性广告的处理技巧。好的处理技巧才能让更多消费者，无意间记住广告要传播的信息，以便使企业所做的隐性广告有更好的传播效果。

四、经典奉献：促销广告怎样打动人心

▲要点提示：使促销广告打动人心的方法

无论是在报纸上、商店门口或摊位前面的卖点广告（POP）上，还是在行人经常出没的繁华地带有人发送的广告宣传单上，“礼品大赠送”“大奖等你拿”“超值大折扣”“买一送一”等促销广告随处可见。然而，当人们的目光很快地转移或有意地躲避，或者宣传单瞬间地被扔入垃圾箱，这意味着企业主的投入又浪费了很多。其实，很多促销广告不被消费者关注，并不是促销不具备吸引力的问题，而是由于促销广告本身缺乏说服力和值得信赖，没有将促销活动的主要利益点表达清楚。因此，如何确保促销广告不被淹没在汪洋的广告大海之中，如何吸引消费者的注意力，如何使消费者产生购买的想法，这就需要对促销广告进行精心的设计和创意。

（1）注重表达方式。

一般而言，顾客接受商品信息的程序为：注意—兴趣—希望拥有—行动—满足。而注意、兴趣、希望拥有都是顾客头脑中的活动，加上现在的顾客越来越试图在商品大潮中追求各自的个性、偏好，因此如何将比较枯燥烦琐的促销信息转化为顾客的兴趣点，就显得非常重要。

一个酒类品牌曾经分别使用三个专卖店的店面 POP 针对其酒类促销活动做了以下三个不同的广告，以对比不同表达方式对广告促销效果的影响：①价格优惠 30%；②50% 折扣；③买二送一。在广告面世两个月后，该企业发现，使用第三种广告形式促销的专卖店其销售额比分别采用另外两种广告形式促销的两个店高出 35%。这说明大多数顾客都比较喜欢“买二送一”这种促销形式，而对于价格优惠和打折总是会产生很多疑虑，加上价格优惠和打折并不能给顾客带来感觉上的“超值”享受，顾客就会产生各种怀疑。如是否质量有问题？企业是否亏

损？价格是否订得虚高？……而对于“买二送一”这种促销形式的广告，大部分顾客都能感觉到商家所给予的实惠和超值。

广西一家都市晚报社曾经做了一个征订促销广告，其结果，在纸张涨价造成订费提高的新形势下，全年的固定订户不但没有下降，反而增加不少。

这则征订促销广告是这样叙述的。

亲爱的读者：

从12月1日起（2002年）开始收订《都市晚报》。遗憾的是，2003年的订户将不得不增加负担，全年订费为182.5元。订费是涨了。在纸张涨价的新形势下，我们的报纸要生存下去，我们别无选择。

然而你们有办法，你们完全有权拒绝订阅《都市晚报》，将182.5元的订费用在自己急需的地方。

《都市晚报》一年的订费可以用来：

在本市市场上购买一辆9折新的普通自行车；

或在本市市场上购买一件羊毛衫；

或在本市市场上购买一瓶好的品牌酒；

或在本市市场上购买一双皮鞋。

这样的“或者”还可以写上很多。

但任何一种“或者”只有一次享用。而您选择《都市晚报》——将享用全年。事情就是这样，亲爱的读者。

这就是《都市晚报》2003年征订促销广告。在报纸大幅度提价，报纸面临失去大批读者的现实下，《都市晚报》这则征订促销广告别出心裁，收到令人意想不到的征订促销效果。

由此可见，同样的一个促销活动，采用不同的说法就能够带来不同的效应，因此，促销广告的重点不在于说什么，而在于怎么说，在于表达的方式。

（2）注重简单精妙的创意。

在现代社会，每个自然人每天直接或间接接受的广告信息多达上百条之多，加之现代广告品质的良莠不齐，使得人们对很多广告表现出反感。一则能吸引人的广告，往往是抓住了顾客的关注点，这恰恰是广告诉求的要点。这种优秀的广告就需要简单且精妙的创意，如注重以下几点。

①注重“奇”。在日本有一家餐馆，开业不久，员工进行罢工，后来餐馆经营者想出了一个主意：一方面同意员工加薪的要求，劝其复工；另一方面在餐馆内悬挂起“欢迎员工罢工”“欢迎攻击餐馆”之类的条幅，看似令人啼笑皆非，但这一做法却招来了很多媒体的注意，弄得众人皆知，生意也随之兴旺起来。

②注重“情”。有意识地营造一种同情目标顾客的氛围，使目标顾客感觉到自己被同情，进而产生想努力摆脱被同情的想法，于是促进其产生消费行为。如“逸芙雪”美白霜的广告：先是“皮肤黑就该被嘲笑吗?”“皮肤黑就该受到不公平待遇吗?”“她的衣着很好，但是皮肤有点儿黑!”然后引出了皮肤黑的解决方案：“完美自白宣言”“‘逸芙雪’除黑”等。创意的成功之处就在于抓住了顾客的自卑心理，先施以同情，再把顾客从低谷中拉出来。

③注重“巧”。在南宁有一家“吉祥米粉店”，卖的是一种比较有特色的红油米粉，地点很偏僻。米粉店开张后生意一直不好。到第二周星期一，门口突然放了一块道歉广告牌，牌上醒目地写着：“尊敬的顾客，真对不起，今天的米粉已经卖完，明天请早来!”这块广告牌连续出现了6天。6天后，顾客渐渐多了起来。两周后，几乎天天顾客盈门。后来大家才知道，这是店主玩的“空城计”。真是“巧”生“旺”。

④注重“惊”。即通过一定的理论依据来传递信息：“如果不注意或不立即采取行动，将会产生对自己不利的后果”。像海飞丝，它的去屑效果非常显著，但是，那时顾客并不很重视去屑，企业一味地呼吁，

顾客不以为然。如何拉动促进海飞丝的市场消费？让顾客厌恶头皮屑就像厌恶虱子和跳蚤一样！后来的促销广告语看似平常，却极具杀伤力：“你不会有第二次机会给人留下第一印象”。其背后暗藏“杀机”：如果不消灭头皮屑，可能会葬送自己一生的事业或幸福。试想一下，求职、寻找伴侣、拜访重要的客户……都需要良好的第一印象。另一则促销广告更具体：在关系一生命运的入学考试前夕，一位豆蔻年华的戏剧专业女生遭遇头皮屑困扰。“我的前途完了！”她失望地说。这时，海飞丝从天而降，拯救了她的危难。看见了吧？若不立即去屑，后果极其严重。这就是一则典型的注重“惊”的创意（“惊吓型”创意）的促销广告。

⑤注重“激”。即通过一些挑动（衅）性的语言引发目标顾客群的好奇或愤怒，以刺激他们的购买欲。这是一种反弹琵琶的促销广告策略，如“这是贵族消费的产品，平民勿试”，贬低顾客，以刺激购买行为。在这里特别需要注意的是：无论是注重一个“激”的创意，还是前面提到的注重一个“惊”的创意来做促销广告，都要把握好一定的“度”——必须尊重目标顾客群，这是显效的前提。“激”或“惊”过度，就容易使顾客产生厌烦甚至憎恨情绪，这样非但达不到促销的目的，还可能使顾客离产品越来越远，那就弄巧成拙了。

⑥注重“趣”。

⑦注重“体验”。在“华联”和“梦之岛”超市曾发送到每家每户的促销广告中，就可以看到上面有目录，有具体的产品照和价格。这其实是抓住了顾客目前的一种“体验”心理，即顾客无法脱离实物来感知产品的质量和发现促销活动给自己带来的实惠，例如，很多家庭主妇因为有了图文并茂的促销广告，还会拿着广告宣传单或广告宣传手册到超市寻找相应的商品，节省了顾客的购买时间。

⑧注重“诣”，就是基于“造诣精深”的定位，也可称为专家定位。通常来讲，消费者对商品情况所知有限，因此，广告中请专家出面

推荐某种产品，往往令一般消费者感到可信、可靠，从而做出购买行为。

另外，促销广告还可以考虑变换样式，如把广告单制成小而精致的广告卡，在卡的某个部位印上一份来年的年历，这样，一定有人把广告卡收藏起来。因此，促销广告同样需要注重简单且精妙的创意。

（3）注重相关的细节。

促销广告在注重表达方式和创意的同时，也应注重相关的细节。可以在促销广告中注入一些人性化的元素，如对于枕头的介绍，加入“您想要如何睡眠”的小知识，让顾客在短时间内掌握大量的信息，从而产生购买欲望。同时还要注意广告可能给顾客带来的心理感受，如“统一”鲜橙多的促销广告都与“漂亮”有关，这充分结合了品牌定位与目标顾客的特点，从而提高了产品在主要顾客人群中的知名度与美誉度，扫除了终端消费与识别的障碍。另外，色彩的运用也很重要，一项涉及报纸广告色彩效果的研究发现，减价品新增销售的30%是由于零售商在黑白报纸广告中增加了一些颜色所致。某些颜色如红色和黄色较其他颜色更加引人注目。通常，处于视野正中的物体较处于边缘的物体更容易引人注意，印在纸张右边的广告较印在纸张左边的广告更引人注目，左上角的信息较右下角的信息能够引起更多的关注。在实际中，很多报纸广告、店面的POP、宣传单都没有得到很好的利用，这在于对促销广告的细节注重得不够。

第四章　赚钱的渠道该怎么做

一、做渠道的策略

（一）如何选择销售渠道的模式

▲要点提示 1：选择销售渠道模式的方法

销售渠道的模式，也称为分销模式，是指采取什么样的渠道将产品输送到消费者手中。

销售渠道的模式包括渠道的长度（是指通过几个层次将产品输送到消费者手中）、渠道广度（是指可以采用的渠道种类有几种）、渠道的宽度（是指渠道在不同层次所采用的密度），渠道的弹性度（是指对渠道控制的紧密程度）。

一般那些价值较高、产品定义较复杂，或者产品处于导入期、消费者不了解企业所生产的产品，大多比较适合采取直接渠道来销售推广产品，渠道的长度适宜短些，如大型机械设备的销售；而那些产品的聚合性强、附加值较低、轻巧便宜，并且品牌的定位也比较大众化的产品，则适合采取代理经销商的分销模式，渠道的长度适宜长些，可以通过总代理经销商，将产品层层分销到消费者手中。通过代理经销商的级别越多，渠道的长度也就越长。比如，很多快速消费品产品的销售渠道大多是通过“省级代理经销—市级代理经销—县级代理经销—乡镇代理经销”这种多层次分销的渠道模式，将产品输送到消费者手中。这种模式很适合简单的消费品，如日用品、食品等。

渠道在每个层次上到底需要选择多大的数量，或疏密状况，即渠道的宽度问题一直是渠道模式选择中的一个难点，或者说是渠道投资中的一个难点。品义米粉连锁店在云南的渠道投资计划，在宽度上确定的是每600米开一个店，但结果是有些地方显得过于稀疏，有些地方则显得过于密集。各地段600米所拥有的人口流量是不同的，经济水平也有差异；简单地按照600米的标准来开店，就会出问题。因此，企业一定要根据具体情况来确定渠道的宽度。

21世纪，企业营销所采取的渠道广度也日益增多，一般来说，企业的营销越深入，渠道的广度就越大。像伊利牛奶的渠道就有很多种，在百货商店、食杂店、超市、商场、购物中心、宾馆酒店、旅游景点、娱乐场所、大专院校、居民小居、企业、事业单位等都可以看到伊利牛奶的身影。

一个企业要取得良好的销售业绩，选择正确的销售渠道模式很重要。在很多大中城市，红蜻蜓皮鞋的销售量都是排行前三甲，因为红蜻蜓公司正确地选择采取专卖店这种模式进行分销皮鞋产品。它是较早采取这种不进商场进专卖店来分销产品的企业。

在实际操作中，选择怎样的销售渠道模式来分销产品，必须充分考虑企业现有的条件和实际情况。照搬其他企业的成功方法都是不可取的。

很多企业的产品在进入市场之前，由于其品牌的拉动力较弱，企业不仅难以控制渠道，反而常常被商家所制约，于是，许多生产企业便采取自建渠道的策略。

波导手机就是采用了这种建立自有渠道来销售波导手机的销售渠道模式。这也是波导公司根据企业的条件和实际情况，选择采取的一种销售渠道模式。因为波导在做手机渠道时，国内较大的经销代理商，基本上都被摩托罗拉、诺基亚等国外品牌占据，波导如果和这些经销代理商合作，实行销售代理制，会由于波导本身是弱势品牌而受到经销代理商的“刁难”；若不与这些经销代理商合作，则只能得到二流的经销代理商资源，真正的销售经销代理制很难建立。面对实际情形，波导大胆放弃了国外品牌的经销代理分销方式。采取了建立自有渠道来销售波导手机的策略。波导手机就是采用这种销售渠道模式，精心组建了“中国手机营销第一网”，迅速打开了市场，在消费者心中树立起良好形象和美誉度。波导这种自建销售渠道模式对于新产品的市场推广、老产品的维护和企业经营战略都起着重要的促进作用。

再如，格力集团根据企业的条件和实际情况，选择采取的“厂商股份合作制”销售渠道模式，是一种“利益共同体”销售渠道模式，是为了使销售渠道变得更稳定，使经销代理商与自己共同做好销售工作，这需要保证经销代理商的长期利益。

格力集团销售渠道模式最大的特点是，格力集团在每个省与当地经销商合资建立销售公司，由这些合资企业负责格力空调的销售工作。格力集团以统一价格对各省销售公司发货，当地所有一级经销商须从销售公司进货，严禁窜货。

格力集团销售渠道模式的特点在于，格力集团与经销商共同建立起一个地区性的、以格力集团为大股东的合资公司，管理当地市场。其一般从各省寻求有实力的几家经销代理商做销售公司股东，董事长由格力方出任，总经理由参股经销代理商共同推举产生，各股东年终按股本结构分红，入股经销代理商形成一个利益联盟。公司可根据市场情况灵活制定批发和零售价格，但为了使自己的投资获得较好的回报利益，各股东都会积极地做好格力空调市场的开发与维护工作。由于经销代理商的参股投资，格力与经销代理商的利益被紧密地“捆套”在一起。这更有利于格力空调销售业绩的提升和格力空调市场的做大。

企业在选择销售渠道模式时，还要考虑相关的制约因素，如果对影响因素考虑不够充分，就可能使企业所选择采取的销售渠道模式，不能发挥它应有的作用，或者说使销售渠道功效的发挥受到抑制。

恒基伟业公司的商务通在中国市场的销售推广成功，与其所选择的正确销售渠道模式是分不开的。恒基伟业熟知经销代理的种种利弊，在确定渠道之初，它没有选择采取通常的销售渠道模式，而是直接在县级以上的城市建立独家代理，它采取的“小区独家经销代理制”，把市场区域划分得很细，在整个渠道中没有市场覆盖面较大的经销代理商。商务通的市场销售状况，说明了“小区独家经销代理制”销售渠道模式的一些优点，但我们不能忽视这种销售渠道模式背后存在许多不利的影响因素。例如，小区的经销代理商是否会永远满足其不大的经营规模？是否在销售渠道的运作中永远愿做企业的配角？当单个产品利润变得越来越少时，小区的经销代理商如何依靠不大的销售量来维持自身的运转和生存等。企业只有深入考虑这些影响因素并认真加以解决，企业所采取的“小区独家经销代理制”销售渠道模式才能更健康地运行，才能更好地发挥其应有的作用，才能具有长久的生命力。

韦先生看到自己批发价 80 元左右的产品，在北京和上海的商店里竟然卖到了 800 多元，而在日本东京的一家商店里，售价更是超过 2000 元。自己如此辛苦，为何利润的大头反而让别人赚去？韦先生于是产生一个念头，与其继续做批发，还不如直接面向终端，建立自己的零售网络。即改变过去所采取的在全国 18 个中心城市设立批发门市部，批发销售产品的销售渠道模式，而是选择采取直接面向终端，建立自己的零售网络来销售产品的销售渠道模式。

但韦先生忽略了很多因素的影响制约，从批发渠道突然转向零售渠道的时机还很不成熟。

首先，零售商能够赚钱，除了店铺的位置外，还有一个很重要的原因是他们会根据自己所在地段的消费特点进行“批分拆零”的工作，从各个品牌中选出适合自己店铺销售的产品进行经销组合搭配。韦先生的公司尽管每年开发的产品多达万种，但仍无法满足单独开店对各品种的要求，而且各地零售商如何选址和上货的各种“隐性知识策略”一时难以掌握和熟练运用。

其次，消费者购买饰品看重的是款式和风格，而在零售中起主导作用的是各个零售商的商号品牌，而不是厂商的产品品牌，即消费者看重的是在哪个店买得放心、称心如意。虽然韦先生的产品在经销商中很有名气，但对很多直接消费者来说，还是比较陌生的。

最后，韦先生的公司目前对零售连锁店的管理能力、服务水平，以及研发能力和人力资源等都难以满足做零售的要求。

韦先生后来意识到自己的想法过于冲动和不成熟，意识到饰品行业处在一个高速发展期，做批发还有很大的潜力可挖掘，而公司急需做的是对批发销售渠道模式进行改进，在继续发展中等待向零售销售渠道模式转型的时机，如果立即转型，有可能把自己已有的市场份额拱手让人，并错过企业的发展机遇。

韦先生最后决定把公司原有的渠道管理模式从全开放变为半封闭，以充分挖掘批发渠道的潜力。

实行半封闭的销售渠道管理方式，其做法是，增加销售网点的密度，把重点城市的批发部数量增加几倍；进行“区域管制”，每个地区的经销商只能在指定的城市进货，以免发生窜货情形；改变原来“认量不认人”的价格制度，给各地批发商比零售商更低的价格，保护其销售的积极性；为各地批发门市部制定指标，让批发部的员工主动开发新客户，并为客户提供服务和帮助；使原来很多看到韦先生的产品好卖却不知道在哪里进货的零售商，能够迅速地进入公司的销售网络。

通过这些做法，韦先生的公司逐渐形成了一个由 1 万多名批发商和零售商共同组成的巨大销售网络，销售业绩得以迅速提升。

因此，如何才能选择正确的销售渠道模式来分销产品，必须考虑到企业的条件和实际情况，即销售渠道的战略设计，同时还要考虑对所选择采取的销售渠道模式的各种制约影响因素。只有这样，企业才能如愿以偿地选择有效的销售渠道模式。

（二）如何建立适宜有效的销售网络

一个企业要把发展命脉掌握在自己的手中，就必须要有自己的销售网络。

▲要点提示2：建立有效销售网络的方法

（1）选准销售渠道模式。

立白集团的成功在很大程度上取决于选择了正确的专销商销售渠道模式。

公司在成立时，毫无知名度，很难找到经销商，同时还面临着价格、广告、货铺、人员、费用等很多问题。在这种不利的情况下，立白公司打破常规，在重要的流通城市和区域中心城市设立专销商。这些专销商多为企业中高层的亲戚朋友，只经营立白的产品，这种忠诚度是一般经销代理商不可比拟的。公司将产品的价格降到最低，政策全部下放，以利益、调动专销商的积极性。由于目标利益一致，产品得以高价位顺利、迅速地进入流通渠道。这些专销商和一般的经销商不同，他们对于公司的政策不折不扣地认真执行，由于所有的专销商把立白产品当作自己生产的产品一样来经销，所以对辖区每一级市场的操作都力求尽心尽力，自然就使立白的产品具有很强的渗透力。无论在城市，还是在农村，也无论大小客户，都靠专销商这种模式来维护。而这一销售渠道模式也一直很有效地支撑着立白产品市场的发展壮大和品牌的快速成长。

新惠普中国区的销售渠道采取的是分销加直销的混合式销售渠道模式，以分销为主。这是基于不同客户的需要而构建的渠道模式。例如，一些大客户在资金方面可能需要预先垫付或回款周期比较长，这可能会提高经销代理商的资金压力和运营风险。而新惠普公司在资金方面是充裕的，完全可以满足用户的需要。还有一些大客户对产品及服务有较为特殊的要求，这些问题如果由经销代理商来解决可能有一定的困难，因此，惠普公司对这些用户提供直接销售服务，满足他们的不同需要。

新惠普的直销，是对其原有经销代理渠道的一个补充，并引领经销代理商进入新的销售空间。比如，一些大客户的前期销售工作是由新惠普公司自己完成，但后期服务包括签订购买合同等则由经销代理商来做。经销代理商在为客户提供后续服务时，一方面服务本身可以盈利，同时在为客户服务的过程中还可能寻找到一些新的销售机会。

娃哈哈当初作为“儿童营养液”产品，面临的销售困难很多。如营养液的知名度低，没有市场影响力，人力、财力不足，不可能依靠企业自身的力量建立有规模的销售队伍。但企业高层发现，国有企业多年来形成了较多的商业网点，管理也较为正规，在很多消费者心中具有较高的可信度。于是决定以糖烟酒、副食品、医药三大国有商业的大型批发企业为营销渠道进行产品销售；在销售策略上，采用代销、售后结账的方式。这种销售渠道模式的选择和确立，成功解决了娃哈哈销售力量不足的问题。后来随着企业的发展，娃哈哈又将这一销售渠道模式改造为包括国营批发渠道在内的独具特色的联合销售渠道模式。这种联合销售渠道模式包括个体、民营、国营经销企业等多元成分，是以一级批发商为主、二级批发商为辅的多层营销网络。这种科学有效的营销渠道的建立和完善，使娃哈哈得以迅速走进千家万户。

（2）精耕渠道，做透市场。

立白公司的迅速发展，需要精耕渠道。公司的具体操作方法是：

首先以专销商来吸引经销商。进入一个新省份，公司会选择两三个有影响力的城市作为突破口，由专销商在这些城市开始操作，一旦市场有了进展，自然会吸引其他地区及城市一些经销商的注意。

由于公司在广告和销售上的支持不多，大的经销商显然是没有与公司合作的兴趣，因为在这些大的经销商手中，已有一些响亮的品牌，多一个少一个对这些经销大户无所谓，重要的是能赚到钱。如果要让他们前期投资开拓市场，他们一般表现为退缩和放弃。中小经销商手里没有响亮的品牌。而二、三级市场的分销商，如果能攀上立白这样的大企业，不仅可以扩大自己的知名度，寻找与更多企业合作的机会，还可以借销售产品壮大自己的实力，更重要的是他们可以由分销商变成地区经销商，能够掌握一级渠道的命脉。

作为经销商都非常清楚，一个响亮品牌的作用就是利润、销量和形象。因此，尽管经销立白公司产品的条件比较高，但很多中小经销商还是愿意携手立白一起开拓市场。这样，立白公司也由此实现向下延伸渠道。

其次，立白公司的经销商全部以县为单位设立，并许诺每个经销商的利润非常丰厚，但前提是经销商要努力地扩大它的销量和市场份额。把经销商细分到县级的最大好处是，省去了立白公司做深度分销的巨大压力。由于每个经销商销售范围很窄，为完成销量，就必须把每个有限的销售区域做深做透，铺货率自然很高。由于到年底才能返利，在实际运作中，即使经销商由于各种原因不想做下去，也会因为害怕自己损失更大而继续努力奋斗。等市场有了好转，公司更多的广告和促销也随之而来，市场就这样逐渐地发展壮大起来。

对于娃哈哈这样的公司来说，要想把销售的触角延伸至每一个角落，没有规范的管理体系是很难做到的。因此，公司建立起特约二级批发商营销网络。

这样公司的销售渠道变为：公司总部—各省区分公司—特约一级批发商—特约二级批发商—二级批发商—三级批发商—零售终端。其操作模式是，每年年初，特约一级批发商根据各自的经销额打一笔预付款给公司，公司支付特约一级批发商与银行大体相当的利息，并在每次提货前，结清上一次的货款。特约一级批发商在自己的管辖区域内发展特约二级批发商与二级批发商。特约二级批发商与二级批发商两者的区别是，前者将打一笔预付款给特约一级批发商，以争取到更优惠的批发价格。

娃哈哈公司保证在一定区域内只发展一家特约一级批发商，并常年派出一到若干位销售经理和理货员帮助经销商开展各种铺货、理货和促销工作。娃哈哈公司建立起特约二级批发商营销网络，不仅加强了深度分销的力度，加强了公司产品的快速渗透力，提高了经销商对市场的控制力，也使娃哈哈公司的营销网络得到了较为广泛的延伸，营销网络平台也由此变得更加稳健和完善。

（3）有效的激励策略。

有效的激励策略，是指生产公司为增强与各级经销代理商合作的紧密度及加深彼此的感情关系，以调动各级经销代理商的积极性而采取的各种措施和方法。

通常的做法有培训经销代理商和向经销代理商提供各种营销支持，以及丰厚的返利、奖励机制和增进感情的举措。

如立白公司就给经销代理商返以异常丰厚的利润，与经销代理商建立长期的合作关系。每年年底，公司还会邀请经销代理商前往广州，并在广州畅游几日，费用由公司承担。这些经销代理商来到广州受到热情款待，增进了经销代理商对立白公司的感情。

娃哈哈公司也采取了一系列有效的激励机制，包括年终返利、不定期奖励等。年终返利是对经销代理商较直接的激励，以他们的销售业绩为依据确定返利比例。年平均返利金额占公司年利润的4%~5%。通过给经销代理商返利的不透明性和灵活性加强对经销代理商有效的激励和掌控，而采取的不定期奖励则可以认为是年终返利政策的补充和公司与经销代理商保持良好关系的润滑剂，具有很大的不确定性和灵活性。

娃哈哈公司对经销代理商的营销支持体现在，公司统一负责促销广告活动的策划，并承担全部广告费用及产品推广费用。另外，公司还帮助一级批发商建立二级批发销售网络，协助他们举办各种促销活动等。

（4）采取特殊策略增强销售网络的稳固性和效率性。

做生意就像打牌，在你的手中总要有一张让他人想不到的牌，这张牌就隐藏在消费者的需求里，你所做的就是要用心去寻找，这样你才会有赢的机会。

润滑油市场的通用做法是，整个润滑油行业实行代销制，经销商先卖产品后付款。但是行业的这种通用做法是李总不能承受的，当时企业小，资金少，拖一个月的账款等于占用了很大一笔流动资金。于是李总决定一律采取现款现货来销售产品。

经销代理商们一听“现款现货”，脸色大变。正当经销代理商们准备拂袖而去时，李总说：“只要你们现款现货，我负责派人帮你们销售一半的产品，你们还愿不愿意做?”

听到这个提议，经销代理商们立即由怒变喜，开始大力支持李总公司的“新营销模式”。

这是一种厂商双赢的策略。李总公司召集了500名销售员对其进行重点培训后，点对点地派到各地经销代理商队伍中，帮助经销代理商销售公司产品；同时，李总公司还把主攻目标放在尚属空白市场的二三线城市。

李总公司经过重点培训的销售员在汽车修理厂、停车场等地方向那些似懂非懂的司机们讲授润滑油的相关知识，使司机们明确如何选择合适的润滑油，这是由被动等待顾客变为主动争取顾客的创新举措。这一年，李总公司的销售额轻松地突破了一亿元。

李总公司采取的将经过培训的销售员派往各地经销代理商队伍中，帮助经销代理商销售产品，强化了产品销售网络的稳固性并提高了销售网络的运行效率。

华龙方便面公司所采取的经销代理商配股制度，更是具有一股强大的稳固销售网络和提高销售网络运行效率的力量。

其具体做法：每年华龙公司进行一次结算，然后拿出年收益的30%分给经销代理商。经销代理商根据销售业绩配股，月销售额100万元的每1万元配给1.5股；月销售额80万元的每1万元配给1.4股；

月销售额60万元的每1万元配给1.2股；月销售额在10万元以下的1万元配给1股。根据股份多少分得相应的利润，也算是华龙公司发给经销代理商的一个厚厚的年终“红包”。经销代理商的股份不占公司的原始股份，以一种虚拟的方式当年兑现。

在这之后不久，华龙又实行了“一车一县一人一合同”的经销政策。即凡是当地华龙产品的销售大户，每户发给送货车一辆，并派一名销售人员帮助销售大户拓展华龙产品的市场，实施“面对面服务”。这种配给经销代理商虚拟股份的奖励措施和捆绑式的销售政策，无疑具有巨大的强化销售网络的稳固性和提高销售网络运行效率的作用，这也使得华龙集团公司提前两年坐上了“河北面王”的宝座。

二、防止市场恶意窜货的策略

▲要点提示1：市场窜货的含义及种类

市场窜货是一个在销售中让人头疼不已的问题，是渠道冲突的一种较为典型的表现形式。

市场窜货也称为冲货，是指产品越区销售，可分为三类。

第一类是无意窜货，也称为自然窜货；一般是指经销商在正常销售的同时，无意中向自己销售辖区以外的市场销售产品的行为。这种窜货行为只要有市场区域的分割销售，就可能会存在。企业要注意的是，如果市场窜货量很大，就会影响销售的价格体系。

第二类是恶意窜货，一般是指经销商为了获取非正常的销售利润，有意向自己销售辖区以外的市场销售产品的行为。主要的表现是以低于厂家规定的价格向不属于自己销售的辖区销售产品，这样就会扰乱价格体系，降低销售利润，严重的可能会使企业丧失已有的市场，其危害性是很大的。

第三类是良性窜货。一般是指企业在市场发展的初期，有意或无意地选择重要区域市场中的批发商，使其产品流向非重要市场区域或空白市场区域的行为。企业也因此增加了销售量，提高了产品的影响力和知名度。

在此可以看到，恶意窜货具有很强的危害性。在销售的实际中，如何防止恶意窜货的发生呢?

▲要点提示2：市场恶意窜货产生的原因是什么

我们先来看一下恶意窜货产生的原因主要有哪些。

（1）利益原因。经商的目的就是为了赚钱，为了能够获取更多的利润，是恶意窜货的根本原因。一些产品在销售渠道内的利润过高，使得一些代理商可能会自愿降低利润水平来扩大销售量，以追求获取利润的最大化；有时从表面上看，一些产品的窜货利润并不高，但其是以销售的数量大取胜，其窜货的真正目的是通过增加产品的销售量来获取生产厂商给予的年终销售返点利润。由于销售返利一般都和销售量挂钩，这就使得不少的经销代理商为了扩大销售量，以便拿到年终丰厚的销售返利，而产生越区域销售的念头和行为。比如，有的生产企业规定，经销代理商销售50万元产品的销售返利点为1%，销售100万元产品的销售返利点为1.5%；这种协议条款或销售政策的存在，就会使得一些经销代理商采取主动出击的方法来扩大产品的销售量，而区域间的窜货则成为最隐蔽和最有效的扩大销售量的方法。再者，很多经销代理商每个月都有一定的销售任务指标，如果不能完成当时与生产企业或上一级经销代理商所订协议规定的销售任务指标，就有可能受到惩罚。所以，当某区域市场的销售任务不能完成时，经销代理商就很有可能为了保住产品的区域市场经销代理权，而将产品以较低的价格向周边区域市场销售，以保证当月销售任务指标的完成。

（2）管理原因。一些企业没有制定窜货方面的管理规定，对经销代理商的窜货没有严格规定和相应的奖惩措施。对所发生的窜货现象，处理不严，有的甚至只象征性地警告一下或批评一下就完事。企业的这种宽容态度，就是在间接地鼓励经销代理商的窜货。另外，销售渠道网络信息流管理落后，导致产品市场信息反馈不准确，引起窜货。比如，产品在某一地区的销售量很少，而信息反馈则为销售量很大。由于这种信息反馈的不准确，就有可能导致不畅销地区的产品误以为在某一地区的销售量很大，而向该地区窜货。此外，产品价格管理的混乱也会导致窜货。

（3）过度激励的原因。企业过度激励政策，导致价格新空间。很多生产企业在与经销代理商在签订年度销售目标时，常常会以经销代理商完成多少销售量，则给予奖励多少百分比来提取利润回报，超额完成越多，年终销售奖励的折扣就会越高。这样就会使得原先制定好的价格体系被年终奖励折扣拉开空间，导致一些经销代理商为了赚取年终奖励，不择手段地扩大销售量而出现不畅销地区的产品向畅销地区窜货、畅销地区的产品向刚刚启动的新市场窜货等现象。

（4）采取多种销售方式的原因。一些生产企业为了扩大销售量，同时采用多种销售方式，如“总代理”“团购销售”“协销”“直销”等销售方式。这样就导致价格体系多层次化，形成了较大的利润差，形成了跨区域市场窜货的价格。

（5）经销代理商选择不当的原因。一些生产企业只顾眼前的利益，而不顾市场的规范，只要有人愿意出钱投资来买它的产品，就可以成为当地的经销代理商，致使生产企业在同一区域市场选择发展了多家经销代理商。这样就使得生产企业很难管理掌控经销代理商和市场，从而使得产品的跨区域销售变得难以避免。另外，一些生产企业对经销代理商的资格审查不够严格，也会使得一些缺乏实力、缺乏信用的投资者成为生产企业的经销代理商，对于他们而言，只要能赚钱，什么事情都可能做，跨区域销售也就很难避免了。

（6）生产企业支持不力的原因。生产企业在收到经销代理资金或经销代理商购买产品的资金后，不履行责任，比如，广告、宣传及人员的支持，把销售渠道变为仓库，使得经销代理商一时无法销售完所订购的产品，就可能会产生窜货的念头和行为。

▲要点提示3：如何防止恶意窜货

根据以上产生市场窜货的原因，可以采取以下策略来防止恶意窜货行为的发生。

（1）生产企业要建立健全严格的市场管理制度，明确规定严惩恶意窜货行为的措施。在管理制度中，一定要注明跨区域销售多少量以上才构成窜货行为，要明确规定对窜货行为的处罚标准、处罚金额、处罚幅度和处罚的力度，对无意中的窜货行为处罚可以点到为止，而对那些恶意窜货的行为要加大严惩的力度。

（2）实行区域独家代理制。区域独家代理制是指在一定的市场区域内，企业只发展一家经销代理商，或者企业只寻找一家合作的经商代理商。采取区域独家代理制，可以使企业比较容易掌控市场，保证市场运行的规范有序，减少企业对渠道管理的难度，降低市场运作费用。由于保证了经销代理商在区域市场中的独家地位，就会使得经销代理商专心一致地做产品的市场推广工作，就不会因窜货现象及竞争对手低价抛售产品的现象，而影响经销代理商的工作积极性。另外，在区域市场内，独家销售产品的承诺，可以使经销代理商真正把所销售的产品当作自己的产品来经营销售。

（3）较为合理地划分销售区域。在进行市场区域的划分时，生产企业要全面考虑市场区域的集中度、企业的分销模式、市场占有率、企业对渠道的管理方式等多方面的因素，来合理划分销售区域，以便较好地防止经销代理商之间可能出现的恶性竞争，保持产品市场经销代理商的密度合理，经销代理能力和经销代理区域均衡，让窜货行为没有生存的空间。各区域市场的经销代理商必须定期向生产企业汇报销售业务情况，生产企业可根据各经销代理商的销售经营状况，给予一家或几家经销代理商重点帮扶支持，这样有利于在各经销代理商之间形成良性竞争，从而实现多赢和共同发展的局面。

（4）建立合理的价格体系，以便防止分销渠道中因价格差异过大而发生可能的窜货现象。比如，生产企业可以制定出总经销代理价、出厂价、批发价、零售价在内的综合价格体系，然后在渠道通路中将渠道商划分为总经销代理商、二级批发商、三级零售商等。

娃哈哈公司所实行的级差价格体系管理制度，构建级差利润分配结构，就从价格体系上有效地控制了窜货现象的发生，保护了渠道商的利益。娃哈哈公司为每一级渠道商制定了灵活而又严格的价格，根据各市场区域的不同情况，分别制定了总经销价、一级批发价、二级批发价、三级批发价和零售价格。在市场销售的各个环节上形成了严格合理的价格差异梯度。使每一个层次、每一个环节的渠道商都能通过销售产品获得相应的利润，从而保证了各个环节有序的利润分配，这就在价格上堵住了窜货现象的发生。

（5）加强企业销售队伍的建设与管理，避免生产企业的销售人员与经销代理商共同违规现象的发生。制定较为严格的销售人员招聘、选拔和培训制度；选拔出真正符合生产企业要求的销售人员，并提供有针对性的培训；规定派往某区域市场工作的销售人员和区域市场经理都要对某区域市场经销代理商的窜货行为负连带责任，在月度年度考核中，所服务和管辖区域的市场窜货情况要纳入考核范围并占较高的分数比例。这样就会避免生产企业派到经销代理商那里的销售人员或销售代表，为了增加销售而不顾生产企业的销售政策，鼓动经销代理商向其他区域市场销售产品的违规操作行为的发生。

（6）在协议中增加“禁止跨区域销售”的条款内容。生产企业与经销代理商的协议中应增加“禁止经销代理商越过自己的市场区域，向其他市场区域销售产品的跨区域销售产品的行为”的条款内容，以及违反此条款内容的惩罚措施，或要求经销代理商缴纳一定的市场保证金，一旦经销代理商发生窜货行为，将扣除经销代理商所缴纳的市场保证金，这样就将经销代理商的销售经营活动严格限定在属于自己的区域市场之内。路德源公司实行总经销代理制，为了规范经销代理行为，在与总经销代理商的协议中，明确注明“禁止经销代理商跨区域销售产品”的条款，违者立即受到相应的处罚，如扣除所交纳的市场保证金，给予较大数额的罚款，严重的则取消区域市场的经销代理权资格等。

（7）实行外包装区域差别化和产品代码差别化来防止窜货。生产企业可以对销往不同地区的产品在外包装上加以区别，比如，在销往不同地区的产品外包装上印制不同的条形码，或通过不同的文字标识，以及采用不同颜色的商标等举措来加以区别，还可以在每件商品或不同批次的商品上打印一个不同的编码来加以区别。使得每件产品拥有一个不同于其他产品的号码，这样就使生产企业能够对产品的去向进行较为准确的监控，一旦发生窜货情形，就能快速地查出货源，追究相关人员的责任等。

（8）有条件的生产企业可以成立一个反窜货的专门机构，来严防窜货的发生。娃哈哈公司成立了一个反窜货的专门机构，巡回全国，严格稽查各级经销代理商的窜货和市场价格。切实保护各地经销代理商的利益。实行不同的区域市场所使用的产品包装、编号不同的策略，一旦发现产品的编号与本地区不符，便彻查到底。此外，反窜货机构的设立可以及时发现市场存在的其他问题，并会同企业各相关部门加以解决。

三、经典奉献：做经销代理如何运作才赚钱

▲ 要点提示：经销代理赚钱的运作方法

在现实生活中，很多人感叹：“现在做经销商越来越难了，做常规产品的经销商更是如此！”随着市场竞争越来越激烈，一方面使很多经

销商萌生转行的念头，另一方面又使很多有意投资做经销商的投资者举棋不定，甚至望而却步！经销商要想自己的事业能够越做越大，在实际操作中，应该注重以下5大策略。

（1）明确自己的优势。

在投资做经销商之前，首先要明确自己的优势在哪里，劣势在哪里；其次确定做什么样的经销商。可以从管理、队伍、经验、渠道、资金、策划、公关等方面来分析自己的优势和劣势。如果只具备资金、经验、管理优势或者只具备资金、渠道优势，那就可以确定自己做渠道经销商比较合适。比如，医药行业的经销商，资金和渠道能显示出更大的魅力和作用。但如果自己有一个优秀的团队、良好的经验、较强的企划能力、必要的资金，那就可以确定自己做市场经销商比较合适。比如，做食品行业或化妆品行业的经销商，以展示智力和团队合作的魅力和作用。

（2）如何选择所经销的产品。

①选择自己曾经做过的行业产品或曾经做过的相关行业中的产品。曾经做过某种产品或相关产品的历史和成功经验，是自身优势的另一个来源。因为长期从事过某种产品或相关产品的经营，通常会积累比较丰富的专业知识和经验，因而在行情变动中，更加能够掌握经营的主动权，保持自身销售的稳定或趁机扩大销售量。这样做可以使自己切入市场更加迅速准确，回避不必要的市场风险；另外，自己经营某个产品或相关产品的历史较长，则为周围的顾客所熟悉，就会拥有一定的市场影响和一批忠实的顾客。例如，曾经做过化妆美容洗涤用品，可以考虑继续做化妆美容洗涤用品或者考虑做其他的快速消费品。

②选择声誉良好，并有大规模市场投入（如有大量的广告投入）的企业的产品或者有实力的大企业重点拓展市场的产品作为自己经销的产品。比如，宝洁公司的产品、三星公司的产品等。这是由于这些公司不仅拥有相对成熟的市场推广经验和承担市场责任的能力，而且还会给

经销商提供相应的支持，如对经销商进行培训或向经销商提供相关的营销支持等。

③选择市场需求大，目标市场人群多，价格对比弱的一些具有显效功能的产品作为自己经销的产品。比如，功能性的美容化妆品，像某珍珠滋润美白精华素产品，其成分是速溶珍珠粉及灵芝、人参、蜗牛等的提取液，其功效是抑制和预防黑色素细胞的成长，并滋润肌肤防止干燥老化，抚平皱纹。选择经销这种产品，由于顾客能实实在在地感觉到产品的效果，并在市场推广时定位明确，所以经销商能够在很大程度上回避投资风险，获得较为丰厚的回报。

在考虑选择确定自己所经销的产品时，要注意选择市场周期长的产品，即选择淡季旺季界限不是很明显的产品，作为自己经销的产品。总之，在选择所经销的产品时，一定要有自己的判断力，不要被生产厂商具有诱惑力的产品招商书和虚设的赚钱景象所迷惑。自己要有一个较为准确的市场前景预测，如果一时拿不准，可找专业的机构咨询。

（3）如何选择生产厂家或总经销商。

选择怎样的生产厂家或怎样的总经销商与选择所经销的产品一样重要。市场上信誉差，市场操作能力欠缺，只想投机取巧的生产厂家屡见不鲜，如果稍有不慎就可能造成很大的损失。

经销商怎样才能确保自己的利益不受损害，尽量回避投资风险呢？

①要广泛地收集有关生产厂家的声誉、市场经验、服务水平等方面的信息，切实了解生产厂家的实力及信誉。

②看生产厂家的返利政策是否合理。由于生产厂家的返利直接影响生产厂家和经销商的既得利益，对返利额度标准的不同理解几乎是伴随着返利的产生而出现的厂家与经销商之间的可能冲突；也因为返利是一个将延续一段时期的相对稳定的管理政策，生产厂家所制定的返利政策如果不合理，将会给经销商带来很大的损失。所以生产厂家所制定的返利政策是否合理很重要。在看生产厂家的返利政策时，主要看生产厂家

在所制定的返利政策中所涉及的返利标准、返利形式、返利时间、返利附加条件等，是否是自己所满意的或可以接受的。

③保持自己对打算经销产品的市场认识和预测，也可以请专业的机构帮助自己一起来对自己打算经销的产品的市场做出较为全面的认识和预测；控制自己正确的赚钱心态，不被生产厂家的暴利描绘所诱惑。

④要看生产厂家的价格折扣是否合理或者是自己可以接受的。生产厂家的价格折扣一般有：数量折扣，经销数量越多，金额越大，折扣越丰厚。等级折扣，经销商依据自己在渠道中的等级，享受相应的优惠待遇。另外，还有现金折扣及季节折扣等。

⑤看生产厂家对经销商提供的营销及相关支持。比如，有的生产厂家就经常开展有利于经销商市场拓展的促销活动。促销费用完全或大多数由生产厂家负担。生产厂家还经常派人协助经销商安排商品陈列，举办产品展览和操作示范表演，帮助训练推销人员，或根据经销商的促销业绩给予相应的奖励。像娃哈哈公司的促销重点就是公司会根据一定阶段内的市场变动、竞争对手的异动及自身产品的配备，而推出各种各样的促销政策，常年循环，月月如此。针对经销商的促销政策，既可以激发其积极性，又保证了各级销售商的利润，因而可以做到促进销售而不扰乱整个市场的价格体系。有的生产厂家还帮助经销商建立进销存报表，做安全库存数和先进先出库存管理。进销存报表的建立，可以帮助经销商了解某一周期的实际“销化”数量和利润；安全库存数的建立，可以帮助经销商合理安排进货；先进先出的库存管理，可以减少过期商品的出现。同时，还帮助经销商管理其客户网络来加强经销商的销售管理工作。帮助经销商建立客户档案，包括客户的店名、地址、电话，并根据客户的销售量将它们分级，并据此告诉经销商对待不同等级的客户采用不同的支持方式，从而更好地服务于不同性质的客户，提高客户的忠诚度。还有的生产厂家帮助培训经销商，如联想成立的“大联想学

院”就是一个专门为经销代理商提供各类培训服务的机构。以上的生产厂家对经销商的营销及相关支持是值得赞赏的。

（4）建立自己的销售团队。

作为经销商，迅速建立起一支精干，市场反应敏锐，勇于承担责任，有独立解决问题能力的销售团队很重要。对于想同时经销多种产品的经销商来说，更是如此。

推销人员的素质状况直接关系经销商的获利和发展状况，因此，对下属推销人员要建立健全严格的激励、监督与考核制度。对于一个快速消费品的经销商而言，应该严格执行业务报表和落实性跟踪查访制度。绘制、比较个人业绩周、月坐标图，增加推销人员的危机感，激发其能动性和创造性。建立健全客户的档案。档案资料包括区域位置、店面大小、人流量、业主情况、联系方式、月进货量、月实际销售量等详细情况，以便更好地将推销人员的个人营销网络纳入经销商的整体营销体系中，对推销人员进行针对性的指导和减少因推销人员的流动带来的市场波动，将网点增加量、拥有及维持量、销售量和回款量与个人薪酬挂钩。

另外，对于打算同时经销多个产品的经销商，在自己的团队组织结构中最好实行产品事业部制。这样做的好处就是：可以使本部门的推销人员集中精力做好自己要做的一个或几个产品，从而使产品的利润最大化；可以使经销商下属内部各产品事业部之间保持良好的竞争机制，调动懒惰员工的积极性，让员工的收入与他们的荣誉感紧密地联系在一起。

（5）明确利润从何而来。

作为经销商，要使自己和下属员工能够清楚地意识到：我们的利润是省出来的，所做的广告要比竞争对手效果好，并且广告费用还要比竞争对手少，广告媒体给予的折扣要高，产品进入大的商场或超市费用要低、账期要短。要让每一位员工都树立起节约出来的钱就是自己的收入和奖金，节约就等于赚钱的观念。

作为一名经销商，如果在实际的操作过程中，能够考虑注重以上5大策略，并且认真地执行，赚钱就会变得容易，经销商的经销事业就会越做越大。

第五章　响亮的品牌该怎么做

一、品牌的深层含义是什么

打造一个成功的知名品牌，需要技术将各种要素巧妙、和谐地融合在一起，并使其具有差异性、需求性和吸引力。

我们可以设想一下，如果市场上所销售的产品都没有商标，市场会是一个什么状况？除了销售服装鞋类、食品等这些可以用眼睛或凭基本常识就能直接判断产品质量优劣的简单商品外，其他大部分的商品，我们敢买吗？就是敢买，我们是否也是带着一种疑虑，带着担心害怕买到伪劣商品呢？这样就会使整个社会的市场急剧萎缩。这是由于交易双方的“信息不对称”所造成的结果，即交易的一方清楚信息状况，而交易的另一方不清楚；也就是说，卖产品的人知道产品质量状况，而买产品的人不知道产品的质量状况如何。在这种信息普遍不对称的市场环境中，消费者是很难直接判断产品的质量状况的。这也是为什么需要商标，因为这时值得消费者信任的选择就是品牌。

那么到底什么是品牌？

（一）品牌的概念

▲要点提示1：品牌是什么

所谓品牌，简单地说，它可以是一个名词、一个商标或者一个符号，并具有很强的区别功能。

我们要明确的是，作为品牌的名词、商标、符号或者是三者的综合体，是足以用于识别一个生产销售商或生产销售商群体的商品与服务的标识。

▲要点提示2：品牌包括哪几个度

在实际中，很多人对品牌的理解，只是停留在通过广告把知名度打出去，这是很不够的。

其实品牌包括三个度，即品牌是知名度、美誉度与认可度的综合体。当然还可以增加两个度，即消费者的忠诚度和消费者的依赖度，因此，也可以说品牌是知名度、美誉度、认可度、忠诚度、依赖度的综合体。

（二）品牌所包括的含义

▲要点提示3：品牌包含哪几层含义

（1）品牌的属性。

品牌所包括的第一层含义，就是品牌的属性。而品牌的属性又包括三层属性，其中，品牌的识别和品牌的形象是品牌的第一层属性，第一层属性给予人们的大多是感性认识，给予消费者的感觉是表面的、直接的、能够简单的感受。它们多以生动为目标、以个性为特征、以记忆为追求，让消费者能够简单地理解、充分地把握、清晰地传播，如肯德基的“山姆大叔”形象，花品都的绿黄白色识别标志等。它们一定是可以通过人的感官直接把握的。

品牌的社会属性、品牌文化、品牌的个性等属于品牌的第二层属性。对于品牌第二层属性的描述相对就比较抽象。需要人通过一定的分析处理进行归纳后得到。比如，可口可乐的瓶子上并没有写“这是卖给大众的”，但实际上人们通过它的销售场所、销售方式、包装及价格等很容易便判断出可口可乐是一种大众饮料。

品牌的核心价值，是品牌的核心部分，是品牌的第三层属性。它往往把整个品牌概括提炼成某一句话，成为该品牌一切行动的指南，并且往往经历一个很长的时期而不会改变。任何一个完整的品牌都包含这三个属性，并且一起存在于一个品牌之中。

品牌本质上是意识的产物，是意识运动的结果。一个产品如果善于迎合时代的特点和需求，往往能够有一个相当长的生存时期。比如，很多人一听到李宁牌服装，就会联想到时尚、潮流等形象，这就是属性典型的特征。

（2）利益。

品牌所包含的第二层含义就是利益，是指品牌的核心价值在产品策略上的表现。利益通常是功能性的，也被称为产品的卖点。比如，李宁牌服装的时尚，从顾客角度的利益就是，穿上李宁牌服装有利于体现自己的重要性和穿着的讲究，以及别人的羡慕；又如，可口可乐的卖点就是，它是一种人人都能买得起的大众健康型碳酸饮料，这就决定了它的分销网络是普遍的，几乎进入了所有可以购买饮料的场所。

（3）品牌所象征的文化。

品牌所包含的第三层含义就是品牌所象征的文化。品牌的文化是对品牌来源的释义，它使品牌变得有背景，扩展了品牌度与历史感，使品牌变得厚重。例如，某品牌球鞋是德国生产的球鞋，也就意味着德国的文化，高效率、高品质；再如，某美容化妆品牌设计了弟弟为帮助姐姐得到爱情而发明了某美容化妆产品的故事，以此来增加品牌的历史感和情感，使其更容易打动人；又如，当我们提到麦当劳，就会想到那个和蔼可亲的麦当劳叔叔，就会想到那里良好的就餐环境，这些都是麦当劳品牌文化的具体体现，是一种便捷、清洁、舒适、活力的美国文化的代表。

从整体上说，品牌文化与企业文化的内涵是一致的，品牌文化和企业文化都不能脱离企业的产品和经营，都要服务于企业的发展，因此，品牌文化与企业文化的核心含义应该是一致的，或者说是相通的。比如，海尔品牌给人的感觉是优质、真诚和负责，其企业文化也是以真诚、创新为核心。

但在实际中，也要注意品牌文化与企业文化的区别。比如，品牌文化是以品牌个性、精神的塑造和推广为核心，使品牌具有文化特征和人文内涵。其重点是，通过各种策略的运用和活动的开展使消费者认同品牌所体现的精神，然后形成一个相对稳定、忠诚度很高的品牌消费群体。

企业文化则是企业形成的共同遵守的价值观、信念和行为方式的总和，重点是企业的价值观、企业理念和行为方式的塑造，是企业运行与发展的指导思想。

另外，品牌文化与企业文化，在概念、作用、建设方法方面也存在着不同。

（4）品牌的个性。

品牌所包含的第四层含义就是品牌的个性。品牌的个性是对品牌差异化的一种强化，以增强对目标群体心灵的感染和震动，也可以说是企业的一种自我展现形式。

（5）价值。

品牌所包含的第五层含义是价值。品牌可以体现生产商或销售商的某些价值感。比如，德国奔驰汽车一直在追求高性能，所以在营销上，也努力寻找追求这种价值的特定群体。

（6）产品的使用者。

品牌所包含的第六层含义是产品的使用者，也就是说，品牌还体现了购买或使用这种产品的主要是什么样的顾客。比如，购买奔驰汽车的多为高收入者。

在这里可以将品牌所包括的六层含义，用一个简单的公式表达为：

品牌的含义 = 品牌的属性 + 利益 + 品牌所象征的文化 + 品牌的个性 + 价值 + 产品的使用者。

二、经典奉献：如何做品牌

（一）为什么要做品牌

▲要点提示1：做品牌有哪些好处

我相信很多人都会说，做品牌当然是为了赚钱！但没错！做品牌是为了赚钱！但做品牌不仅是为了赚眼前的钱，更重要的是为了赚取长远的钱和名，使自己所办的公司能够长久地生存和持续不断地发展壮大。

那么具体来说，我们为什么要去做品牌？这是因为现在市场经济竞争变得日趋激烈，而市场竞争，其实就是抢占消费者大脑让人们记住的竞争。自己做品牌，并使用品牌除有助于将自己的产品与竞争对手的产品区分开外，还更易于消费者记住；有利于进行产品的广告宣传；便于产品的购销；有助于培养消费者对品牌的忠诚度。此外，品牌名称与标志经登记注册获得商标专用权后，可防止他人模仿和假冒，有利于维护产品的声誉，保护企业的正当权益等。这些好处，使我们意识到做品牌的重要性，意识到自己所办公司的生存和发展之路，其实质就是品牌的创立和品牌的维护经营之路。在以后的经营工作中，我们要树立起高度的做品牌意识。

（二）如何打造一个品牌

▲要点提示2：做品牌的几种实用运作方法

做品牌的第一步就是首先要明确所做品牌的内涵是什么？这可以从自己公司所经营的核心业务中发掘品牌的内涵。如可以将设计品牌化，一提到“曾宇建筑设计院”，在当地，人们想到的是它能提供好的建筑设计；将时尚品牌化，一提到“李宁服装”，人们想到的是它的时尚；将服务品牌化，一提到“吉维保洁公司”，人们想到的是它能提供高水准的保洁服务。当然也可以从消费者需求中发掘品牌的内涵。如美国的某著名养鸡公司，它的第一代产品，推广宣传的是吃聪明能干的人养的鸡，因为美国人非常崇拜聪明能干的人。第二代产品，推广宣传的是不吃饲料养的鸡，而是吃在自然状态下养的鸡——土鸡。这是根据消费者的心态来树立相对应的品牌。

在确定了品牌的内涵之后，做品牌第二步就是要确定品牌的核心价值和宣传方式。我们要清楚的是，一个好的品牌产品，不一定是技术含量特别高、质量特别优秀、特别卫生的产品，但一定是合格的，并有自身独特之处的产品。因此自己的公司或企业在明确了品牌的内涵之后，就应准确地确立其核心价值（核心点）。在这里要注意做品牌的一个重要原则就是差异性。在现实的市场经济竞争中，由于产品的同质化现象日趋严重，如果产品缺乏差异化竞争的优势，就会陷入产品同质化的竞争，就难以摆脱陷入价格竞争的旋涡，公司或企业的生存发展前景就会变得堪忧，品牌的作用也会处于弱势。

我们来看 A 化妆品在某区域市场品牌推广的做法。

（1）确立 A 化妆品品牌的核心价值。

A 化妆品的主要问题是：①信息传播势态较弱。化妆品与其他许多常规产品一样，属于高信息化市场，使用者需先有强烈的印象，心中升起一股“热爱”，才有可能在多种化妆品中选择 A 化妆品。②没有吸引消费者独特的商品形象。同级化妆品很多，竞争激烈，为将 A 与其他品牌区别开，即强调其品牌的差异性，准确地确立其品牌的核心价值，根据其高级品牌的印象及切入生化科技的特点，确立的核心价值是“纯天然保养护肤，高档美容化妆品”，发挥印象连续作用。

解决问题的方案是：①举办 A 化妆品发布大会及化妆大会，提高消费者对化妆品品牌核心价值的印象，产生“想要买来试试看”的购买想法与品牌认知。②用市场细分的方法，将 A 保养系列及少女系列同时向主目标市场进军。少女系列的市场目标人群为 17～29 岁的女性消费者，保养系列的市场目标人群为26~52岁的女性消费者。因此，确立17~52岁的女性消费者皆为A化妆品的顾客。③A化妆品包装或POP均为黑底白字，强调各卖点及专柜的商品布置、陈列、气氛的塑造，招牌、海报要能表现出A化妆品的独特魅力。④运用广告宣传，赢得消费者对A品牌的忠诚与信任（注意强调其品牌的核心价值、强调其差异性）。⑤巩固商品信息，并将A化妆品普及化（定期举办美容及化妆研习会或发布美容流行信息）。

（2）推广宣传。

第一阶段宣传战略重点是引起并加强对A品牌的信任度与关心。

采取的推广策略是：①强调A化妆品是高档品和“爱美”价（普及价格）；②对职业妇女、单身贵族有计划地直接销售；③加强公关活动（如新闻稿宣传、报纸杂志、展示会），并举办促销活动；④全面提高品牌的出现频率，强调品牌的差异性、独特点，如到各商场、超市流行商品专柜、美容院时，点名要买A化妆品；⑤建立美容会员制度，直接传播最新美容信息；⑥举办展示A化妆品试用展销会；⑦建立“A有一份个性美”的自然形象；⑧保障各销售点的利润，激发其卖A化妆品的积极性。

采取的广告策略是：提升A化妆品的新产品格调，直接定位诉求；强调核心价值；建立“A有一份个性美”的清新形象。

第二阶段战略重点是巩固购买点及A化妆品的普及化。

采取的推广策略是：①强调高档品、“爱美”价；②开展“爱美不分你和我活动”，赠送试用品；③统一形象。

采取的广告策略是：①普及形象；②普及价格；③形象代言人启用明星，提高社会公信力；④普及A化妆品“自然魅力—个性美”的流行信息。

采取的广告表现战略是：“天然的+美的”化身（如明星）+普及价+试用期限+各购买点限量。

以上是A化妆品在某区域市场品牌推广时所采取的具体做法，这一做法获得了很大的成功。

在这里特别要注意的是，有时为了强化突出品牌的差异性，还需要根据实际情形，提出新的概念。

比如，B公司B品牌的再造工程，就是一个依靠提出新概念来强化突出品牌的差异性而获得成功的范例。由于B公司面临着品牌日益老化与模糊化的趋势，公司决定借引进国外立体停车库产品技术建成国内先进的立体停车设备自动化生产线之际，进行原有品牌的延伸，再造B品牌，重塑品牌形象。但是因为建造立体停车库这样一个产品被普遍看好，大家纷纷投资，所以未经暴利阶段，建造立体停车库产品很快就进入价格竞争的微利阶段。B公司建造立体停车库产品虽然有技术优势，却陷入了产品的同质化竞争；缺乏差异化竞争的优势，就难以摆脱陷入价格竞争的旋涡。工程师们将公司建造立体停车库产品的优势归纳为：技术先进；人性化的设计；美观大方的外形；环保“绿色化”的概念，城市立体化空间的“节能者”；安全的理念体现在各个环节等。

但这种感知与认同必须建立在客户的需求上，才能具有根本的差异化竞争优势。可事实上，这些产品优势说起来非常正确，却无法在客户的心智资源上留下高度的差异化，清晰明确、易感知、有包容性的印象。一个企业要想长期成功，就要能够使客户得到与众不同的效用，同时树立差异化的品牌形象。

在B公司对立体停车库产品定位过程中，公司把建造立体停车库产品固有的特性、独特的优点、竞争优势等，和目标市场的特征、需求欲望等结合在一起通盘考虑，着重于与竞争对手相区分，提出了一个全新的“B智能”概念，即建造“B智能立体停车库”产品。

智能是一个泛化的概念。外界如何理解智能，取决于公司自己如何定义和理解“智能”本身。“智能”这个词，本身就包含各方面的含义。智能意味着科技含量高、人性化、多功能化、自动化，本身就意味着方便、快捷及与时代紧密相连，有很强的时代感和现代感。“智能”二字容易在人们的脑海中留下较为深刻的印象，与其他竞争对手区分开。

建立与其他竞争对手的根本区别，找准差异，找准优势，就是B公司的制胜点，而这个制胜点就是通过“B智能”这一概念的提出来展现的。

“B智能”概念的提出赋予了B品牌新的内涵与定位，为使消费者明确、清晰地识别并记住B品牌的利益点与个性，公司对“B智能”的品牌概念进行了较多层次的规划与描述：

①“B智能”代表着什么？“B智能”是“智能生活的设计者与引领者”。“B智能”设计引领的是现代生活方式，具有超前性、时尚性、前瞻性；“B智能”提供的将是最好的、最便捷的服务。

②“B智能”的核心价值：引领先进技术，提升生活品位，奉献优质服务，创造人生价值。

③“B智能”智能化生活的系统：设备智能化、操作智能化、安全模式智能化、监控智能化、维保智能化、管理系统智能化。

④“B智能”诉求传播：开创生活智能化。品牌诉求是告诉社会本企业最美好的和大众最关心的利益传播点。

公司将B品牌诉求精练为“‘B智能’：开创生活智能化”。既点明了“B智能”服务的对象是大众，目的是为了使大众生活更富有品位，方式是以科技改变和提升大众的生活，也表明了“B智能”缔造的不是一般的生活，而是很有品位的现代智能生活。将“智能”概念升华为B品牌新的核心内涵，通过立体停车库产品的品牌形象塑造，为B品牌注入了新鲜的品牌元素，同时带动了B整体品牌的提升。

由于公司差异化的品牌定位抢占了消费者心智资源，确立了B“技术流”的品牌形象，在很大程度上化解了行业价格战的压力。公司很快便签订了多项大单工程业务，树立起样板工程形象。开创智能化生活的B品牌，成为指引市场的标识，成为高品质生活的代言。B品牌延伸终于得到了客户和市场的认可，B品牌的再造工程终于取得了成功，并很快成为国内建造立体停车库产品的领军品牌。

这说明根据企业实际情况，提出新概念来强化突出品牌差异性的重要性。

做品牌的第三步是根据企业的现状和长远发展，制定出品牌战略规划。制定品牌战略规划的目的在于为品牌建设设立目标、方向与指导原则，为企业的日常品牌建设活动制定行为规范。应该清楚一个企业如果没有明晰的品牌战略，那么其营销和广告就形不成合力，资源就会被分散，或者集中在错误的目标上，就达不到品牌积累的目的。

做品牌的第四步是为保证企业品牌战略的有效实施，必须为自己的企业或公司建立起系统化的品牌管理机制，设立品牌管理流程。制定出企业新闻宣传、广告传播、公关策略、品牌的维护和经营、危机管理及企业文化等方面的方略，为企业品牌战略的顺利实施提供较为完整、系统的执行力保证。

（三）做品牌的公式

▲要点提示3：做品牌的公式是什么

根据如何打造一个品牌的四个步骤，我们总结出一个做品牌的公式，即

做品牌=①明确产品（或业务）需要品牌化的内涵是什么+②准确地定位品牌的核心价值（强调与其他竞争产品的差异化优势，为了强化突出品牌的差异化优势，必要时可提出新的概念）+③集中资源围绕所确定品牌核心价值的差异化优势（或提出新概念中的差异化优势），采取多种方式进行持续的传播，和消费者形成有效的沟通+④规范企业的日常活动及员工行为，强化企业的执行力，建立较为系统的品牌管理机制。

说明：关于“明确产品（或业务）需要品牌化的内涵是什么”这一点，对于大多数企业而言，由于实力（包括信誉、资金、技术、基础

管理、创新能力等）的局限性，很难做到全方位的品牌化，只能先从某一点做起，再由点到面、由面到立体。因此，企业要做的首先就是明确产品（或业务）需要品牌化的内涵点是什么。在发掘需要品牌化的内涵点方面，企业一般会选择最能体现企业自身产品（或业务）特征的点，作为需要品牌化的内涵点来进行宣传。

关于“准确地定位品牌的核心价值”这一点，是指企业在明确了产品（或业务）所需要品牌化的内涵点之后，对所需要品牌化的内涵点的核心价值予以准确的定位。这种定位特别要强调与竞争品牌的差异化优势，同时还要考虑消费者的需求和感受，或者消费者潜意识中期望有的需求和感受。

关于“采取多种方式进行持续的传播”，比如，采取举办各类有针对性的活动（包括社会公益活动），在报纸、杂志上做广告，在电视媒体上做广告，在户外媒体上做广告等。

关于“规范企业的日常活动和员工行为，强化企业的执行力和建立较为系统的品牌管理机制”这一点，主要是为了更好地维护所塑造品牌的形象，以及提升所塑造品牌的形象和知名度。

▲要点提示4：如何利用做品牌的公式

我们根据这个做品牌的公式，来具体分析一下YW日化品牌战略的得失。

（1）做品牌成功的原因。

YW公司做品牌成功的原因，其实质就是对品牌公式中第①点和第②点的正确运用，即在明确了产品（或业务）需要品牌化的内涵点是什么后，对所需要品牌化的内涵点的核心价值予以准确的定位。这种确定是YW维公司通过寻找新的概念，以突出与竞争品牌的差异化优势来实现的，同时还考虑到消费者潜意识中的需求和感受。

YW洗发水在明确了产品需要品牌化的内涵点为YW洗发水产品的“功效”后，在如何才能准确地确定产品的核心价值这一问题上，遇到了障碍。

当时的洗发水市场情形是，宝洁公司的飘柔、海飞丝、潘婷占据了本省高价洗发水市场的大部分份额。三大品牌分别以“柔顺”“去屑”“养发”等不同的物理属性进行了有效的市场细分，形成了强有力的品牌核心价值。虽然周围的诸多竞争者们都有各自的品牌形象，但其核心均是以宝洁公司的三大品牌作为直接的竞争对手。力士、花王、汉高等知名品牌也都把“柔顺”“去屑”“养发”确定为各自洗发水产品品牌的核心价值，显然，它们所确立的品牌核心价值与宝洁公司三大品牌所确定的品牌核心价值，其差异性很少（或者说几乎没有什么差异可言），而品牌的影响力远远不如宝洁公司三大品牌的影响力，这就自然使得它们在品牌的竞争中处于劣势。

YW 公司必须寻找新的概念来确定产品品牌的核心价值，并且寻找到新的概念。所确定的品牌核心价值还必须具备两点：一是与宝洁公司三大产品品牌的核心价值及其他知名品牌的核心价值能够有明显的区别，即与各知名品牌的核心价值差异化很大；二是这种差异化很大的核心价值，具有自身明显的优势。

YW 公司通过市场调查了解到，当时在本省还没有一个品牌在大声叫卖用植物来使头发“变黑变亮”这一概念，并且还了解发现，有不少的消费者担心经常使用由化学品制作而成的洗发水会损伤头发。实际上，是在这部分消费者的潜意识中，期望出现不损伤头发的植物洗发水。

经过调研和分析后，YW 公司寻找到了一个新的概念，以此确定品牌的核心价值，既能使 YW 品牌与竞争者品牌区别开，形成明显的差异化，又能使品牌的核心价值具有明显的优势。这一新概念便是“植物黑亮头发和植物修复头发”，并将“植物黑亮头发”和“植物修复头发”确定为 YW 洗发水品牌的核心价值。一方面它可以在消费者心里形成植物洗发水与“非植物洗发水”的认知；另一方面，洗发水还可以使头发变得黑亮和“修复受损头发”，这正是宝洁公司三大品牌及其他知名品牌不具有的优势。

为了配合品牌战略，YW 公司产品研究开发中心加紧了对植物洗发水的研究开发，先后研究开发出首乌和皂角植物洗发水，并将首乌和皂角确定为 YW 品牌的副品牌，以增加品牌的可信度。

首乌对“植物黑亮头发”的这一品牌核心价值形成有力的支持，而皂角则是对“植物修复受损头发”这一区别于化学洗发水的品牌核心价值形成有力的支持。

寻找到新的概念，并确定为产品品牌的核心价值，以及引入副品牌作为支持之后，还要依靠传播，才能将品牌的核心价值（强调区别于其他竞争产品的优势点或利益点）植入消费者的心里。这时，YW 公司通过各种媒体与消费者形成有效的沟通，使其品牌核心价值的能量在消费者心中充分释放，并对消费者的购买行为产生相应的作用。

（2）YW 公司做品牌成功后，为何又失去市场的优势。

YW 公司做品牌获得成功后，又失去市场优势的原因，其实质就是做品牌公式中第③点和第④点在运作实施过程中出现问题的结果。即在集中资源围绕所确定品牌核心价值的差异化优势（或寻找提出新概念中的差异化优势），采取多种方式进行持续的传播，和消费者形成有效的沟通，以及在规范企业日常活动和员工行为、强化企业执行力、建立较为系统的品牌管理机制等方面的运作实施过程中出现问题的结果。这具体表现在：

①进入 21 世纪后，YW 再也没有将其品牌“植物黑亮头发”和“植物修复受损头发”的差异化优势持续地传播下去。YW 所采用的“不燥不腻”“舒洁自然”“国货当进取”等新的传播口号和对“植物洗发专家”的抛弃，使得消费者对 YW 品牌的认知开始模糊，干扰了消费者对 YW 是专业植物洗发水和能黑亮头发及植物修复受损头发的信息接收，也使得 YW 公司刚形成一致性的品牌建设方向，就受到了来自

YW 品牌自身的信息干扰。这样不仅没有使 YW 品牌的核心价值的差异化优势在消费者的头脑中印象更深，反而极大地损害了消费者对 YW 品牌核心价值差异化优势的认知。

再加上其他跟进品牌用了“植物洗发”的信息干扰，如“百年润发”和“西亚斯”的巨大投入，不仅使得 YW 品牌原来所投入的资源贬值，更为重要的是，使 YW 品牌在消费者心中所占有的位置在逐渐失去。这就使得其他品牌跟进者，有机会扰乱消费者对“植物黑亮头发”“植物修复受损头发”“植物洗发专家”的认知。在 YW 品牌不能持续地维持原有的正确传播内容时，给夏士莲系列植物洗发水、霸王首乌洗发水、丹巴碧植物洗发水等诸多竞争品牌极好的机会，来争夺“植物洗发水”“植物黑亮头发”及“植物洗发专家”的概念，进而动摇了 YW 品牌在消费者心中“植物黑亮头发”“植物修复受损头发”“植物洗发专家”的品牌认知位置，从而使得 YW 洗发水失去原有的市场优势。

②YW 品牌各级销售人员和品牌管理人员的大量流失，使营销队伍新老交替出现了断层，严重削弱了 YW 洗发水在市场运作过程中的执行力，使得原有的执行力大打折扣。

如原来小店有分销员，大店有销售代表，销售区域有城市片区经理，现在则很难保证；也就不能有效地保证整个营销系统的正常运作，不能保证市场精耕细作的要求，不能保证产品的最大化分销和很高的铺货率，因而丧失原有的市场优势。

③没有建立有效的品牌管理机制，设立品牌的管理流程，致使 YW 公司没有坚持将 YW 品牌的核心价值“植物黑亮头发”和“植物修复受损头发”的差异化优势持续地传播下去。而选择不当的内容，如对“不燥不腻”“舒洁自然”“国货当进取”进行传播，使得企业有限的资源被错误地使用。这样不仅使 YW 洗发水品牌达不到品牌积累的目的，也使 YW 洗发水丧失了原有的市场优势。

因此，企业在做品牌的过程中，既要注意按照做品牌公式中所展示的内容来运作，也要注意灵活运用和创新。

（四）做品牌的策略

▲要点提示5：做品牌的几种实用策略

（1）独辟蹊径策略。

在市场经济的竞争中，只有位于前列才会让人记忆深刻。那么如何才能位于前列呢？最好的办法就是独辟蹊径，创造或者细分出一个与众不同的全新市场，以“先入为主”的优势身份占先机、发先声、出先手，借力蓄势，然后对市场发起持久而强势的攻击，这样就会成为这个新兴行业的“领军品牌”。比如，朵彩品牌的打造，就是运用了独辟蹊径的策略，才使自己迅速成为彩棉内衣行业的领军品牌。

（2）苦练内功策略。

在企业的管理和营销基础运作系统及营销基础监管系统上扎扎实实地下功夫，针对产品、管理渠道、推广宣传方式等方面存在的问题，进行深度的剖析，然后采取相应的实用策略，认真地执行，产品的品牌效应就会逐渐地显露出来。厚木公司就是通过实行两年的苦练内功策略，在没有增加广告、促销费用的情况下，不仅健康地生存下来，而且产品占领了本地60%的中低端市场，产品的品牌效应日益显露出来，公司也发展壮大起来。

（3）贴牌策略。

当你走进新相通超市，你可以发现，从针线小包、拉链纽扣、文具用品到插座配件，你能找到许多以“新相通”超市为品牌的系列组合袋装小商品。这些商品当然不是新相通超市自己生产的，其针线包来自本地的一家不知名的企业，而文具用品来自福建厦门的某文具公司。

制造企业利用流通企业的品牌、网络和营销技巧，采用无品牌甚至无正式装潢包装的方式，把难于形成特性或消费者不易辨识的产品推向市场，以节省广告和包装费用，降低成本与价格，逐渐发展壮大自己。

这样就传递出一种全新的做品牌思路，即运用贴牌策略来做品牌的思路。

流通企业整合制造业，扩大了盈利空间，制造业利用流通企业的品牌、渠道和营销技巧，拥有了和强势品牌正面竞争的能力。流通企业品牌的兴起使人们不仅关注哪个品牌的产品好，更关注在哪儿买东西放心、舒心。正是这种微妙的变化，给中小企业和强势品牌的竞争创造了新的机会。

（4）赋予故事策略。

把品牌看作一个人，赋予它性格、情感、思维，塑造一些弘扬真善美的动人故事，它就不再是没有灵气的商品，而是一个独具魅力、活生生的能打动顾客的“人”了。很多成功的品牌，在做品牌的过程中，都采取了这种“赋予故事策略”来打造自己的品牌。

（5）品牌感动策略。

由于在现实生活中，大多数同类产品的使用功能已经相差无几，合格的产品功能已经成为一项基本要求。在这种竞争形势下，品牌宣传的重心，就应该从产品的功能体验上升到心理体验，为品牌营建独特的精神氛围与价值主张，进而影响消费者的购买行为。

运用“品牌感动”策略打造品牌的实质，就是要通过与消费者进行情感上的交流，建立起一种与消费者全新的信任与合作关系，使消费者信任和忠诚于品牌，并通过消费者的这种品牌信任和忠诚去推动产品的销售。

在品牌感动策略的具体运作上，除了具体叙述消费者需要购买的理由之外，在传播的过程中，要注意塑造一种感染力。比如，伊利牛奶所推出的“心灵的天然牧场”的广告，其风格清新实在，体现出一种对消费者健康的深切关怀，并在电视、路牌等不同的媒体上以相同的理念进行传播，创造了一种品牌感动，缩短了消费者与伊利的距离。

（6）专家策略。

专家策略，是指利用专家来塑造品牌的策略。我们在很多的电视广告中，有时会看到专家模样的人在讲解和推荐产品。因为很多消费者崇尚权威，专家就是权威，所以用专家来推荐产品，有利于增加消费者对产品的信任度，有利于消费者对产品品牌的认知，并促使产品品牌在消费者心中占有相对稳固的位置。

在现实生活中，穿白大褂的医生、侃侃而谈的教授等，都可以是权威的代表，都可以用来证明产品的功效，从而增加消费者对产品的信任度，增强消费者对产品品牌的认知。

三、品牌的经营管理

（一）产品品牌与企业品牌的区别

▲要点提示 1：产品品牌与企业品牌的区别是什么

企业在建立品牌时，要注意产品品牌和企业品牌是有区别的。产品品牌是企业品牌的基础和条件，企业品牌是企业生存发展的根本，也就是说没有产品品牌的企业品牌是不可能存在的。但如果有了产品品牌，而不去推动和转化，企业品牌也是很难建立起来的。产品品牌关注的是质量的好坏、技术的先进性状况、产品价值的高低、产品使用的方便性状况、个性化子市场乃至次子市场的定位，以及售后服务的好坏状况等；而企业品牌更关注质量水平、技术发展方向、企业在公众中的形象、服务水平状况等。二者本质的区别在于产品品牌关注的是单一产品，而企业品牌关注的是整个企业；产品品牌关注的是产品市场，而企业品牌关注的是消费者群体；产品品牌关注的是产品的价值和性能，而企业品牌关注的是企业在公众中的形象。

另外还应该注意到，企业品牌某些时候就是产品品牌，比如海尔品牌等。采用多品牌策略的企业，其目的是想抓更多的细分消费群，比如，宝洁公司，在洗发水领域中就有好几个品牌。但很多品牌，其产品品牌等同于企业品牌，这是因为一方面企业的产品比较单一，另一方面也是为了节约传播费用，毕竟品牌是需要靠资金来打造的。

（二）品牌经营的策略

品牌经营可以说是企业之间竞争的焦点，一个企业品牌经营的成败往往决定着这个企业经营的成败。

▲要点提示2：品牌使用的谋略和方法

（1）品牌使用策略。

品牌使用策略是指企业在使用品牌方面所采取的与自己竞争对手相区别的各种谋略、方法和措施，以便更好地发挥品牌的作用。

①使用品牌策略和非品牌化策略。

一个广为人知，很受消费者喜欢的品牌，是企业的一种无形资产。对于企业来说，拥有自己的品牌有许多益处。例如，可以使企业通过大批量生产一个品牌的产品来发挥企业的规模经济效益；有利于进行产品的广告宣传，便于产品的购销；技术可以模仿，但品牌具有不可模仿性，一个成功的品牌可以对欲想推出品牌的竞争对手形成进入壁垒；有利于企业将产品与竞争对手的产品区分开来；提升企业的品牌资本，就可以提升企业产品在市场中的竞争力；在激烈的市场竞争中，企业强有力的品牌形象，可以使企业在与经销商、零售商及其他市场中介机构的关系中占据有利的地位；有利于培养消费者对品牌的忠诚度；对于消费者来说，一个很受欢迎的品牌是产品的质量、功能、使用便捷等诸多要素能够得到有效保障的一种标志，它是消费者对该品牌的一种信任契约。

但是，并非所有的产品都一定需要使用品牌。这要根据企业的实际情况来确定。很多企业在实际的经营中，采取非品牌化策略，同样获得了经营上的成功，著名的格兰仕公司，就是非品牌化策略运用成功的范例。

一般来说，对于那些在本地产本地销的小商品，在市场上不易区分的原料产品等，由于消费者不是凭产品品牌来决定是否购买，因此企业不一定要使用品牌，可以采取淡化品牌或非品牌化的策略。

企业采取非品牌化策略，可以节省许多品牌策划、品牌推广宣传及维护等方面的开支，如很多企业，为了促进产品的销售，加强与中间商之间的关系，降低企业的经营成本，采取非品牌化策略，将产品以简易包装或无包装的方式进入各大商场和超市。商场和超市在采购此类商品后，可以有权在商品上打上自己的品牌标志与品牌名称，并以商场或超市的品牌进行销售。这些生产企业所采取的非品牌化策略，可以让商场或超市分担产品经营上的风险。减少这些生产企业的经营风险。另外，也可以促进商场或超市加强对这些商品的销售管理，有利于这些产品的销售与信誉的维护，从而可以增加生产企业产品的市场占有率。等到企业发展需要时，再使用品牌，强力打造品牌。

②使用个别品牌策略、统一品牌策略及并行策略。

企业在选择使用自己的品牌后，还可以做进一步的选择，就是对本企业的产品是依据不同的产品分别使用不同的品牌，还是全部使用统一的品牌。

在这方面，一般有以下三种操作策略。

使用个别品牌策略，是指企业将自己生产或提供的各种产品分别使用不同的品牌。如傅山药业公司生产的产品有“络心通”“速立特”“胃尔舒”等不同类型的品牌。这种品牌使用策略很大的优势在于能够满足消费者的个性化需求。另外，产品如果到了衰退期，或因其他的原因退出市场，也不会影响傅山药业的其他品牌。

使用统一品牌策略，是指企业将自己生产的各种产品统一使用一个品牌。这种品牌使用策略是很多企业采用的品牌策略，如很多的家电企业、服装企业等均采用这种品牌策略。使用统一品牌策略的很大优势在于，能使企业所有的资源都集中在某一品牌上，非常有利于打造该品牌的知名度。

使用企业名称与个别品牌并行策略，即企业现身在前，带出产品：是指依据不同的产品分别使用不同的品牌，但在每一品牌之前均冠以企业名称。比如海王公司，在其生产的各种产品上分别使用不同的品牌，同时也在每一个品牌前冠以相同的“海王”两字，如“海王金牡蛎”等。这种品牌使用策略具备前述两种操作策略的部分优势，使企业在品牌使用方面较为稳健，以降低企业在品牌使用上的风险。

以上三种品牌使用策略，企业可根据自己的实际情况进行合理的选择。在具体选择时，还应注意以下几点：

a. 注意企业的实际情况。这些实际情况，主要是指产品本身的状况（包括质量、包装、特点等）、产品所处的生命周期、企业竞争对手的品牌使用策略、消费者对品牌的偏好状况、经销商及零售商的意图倾向、产品的实际市场需求状况等。在充分考虑企业的实际情况后，再做决定具体选择哪一种品牌使用策略。

b. 要注意考虑企业的长远发展。在选择品牌使用策略时，要有长远眼光。企业应该明确，企业所选择的品牌使用策略，应该有利于企业的长远发展。

c. 要注意与竞争对手有所区别。在选择品牌使用策略时，应采取差异化策略，就是在品牌的使用上要力求与竞争对手有所区别，形成一定的差异区别，从而通过“差异化”的优势来增强企业的现实竞争力。

d. 要注意根据实际情况，及时调整品牌使用策略。也就是说，企业选择品牌使用策略时，要有动态的观念。要根据企业内外部各种条件的变化，及时调整品牌使用策略，使其与企业的生存和发展相适应。

▲要点提示 3：品牌延伸的策略和方法

（2）品牌延伸策略。

品牌延伸是现代企业发展到一定时期，必须要面对的一个问题，主要是指企业将某一成名品牌或具有市场影响力的成功品牌用于与原来产品不同的新产品上的过程。一个品牌经过一段时间的传播发展，获得了一定的知名度和美誉度后，就如一棵大树扎了根，可以将这种根品牌深入扩展成为新的系列品牌或子品牌。例如，杭州娃哈哈公司先是在“娃哈哈”果奶上经营取得成功后，便将“娃哈哈”商标进一步延伸到“娃哈哈”纯净水、“娃哈哈”八宝粥等产品上。又如，五粮液集团推出的五粮醇，茅台集团推出的茅台王子酒等，均是基于对根品牌的重新诠释，既是对老品牌的巩固，又方便消费者对新品牌的接受。

品牌（战略）所追求的就是要让品牌的核心价值充分发挥“马太效应”，聚焦资源、放大优势，在“滚雪球”运动中不断地累积品牌资产。对成名品牌的正确延伸可以给企业带来许多益处：①企业借助消费者对原有成名品牌的忠诚心理，减少了新产品的“入市”成本和风险；②扩大同类产品的产销能力，进而提高了产品的市场占有率；③企业还可以凭借原有成名品牌的知名度来提高新产品的市场认知度，并可以大幅度降低企业在广告等方面的促销费用；④品牌延伸还可以通过对新产品的销售进一步扩大原有产品的影响力，从而可以起到增强原有成名品牌形象的作用，扩大原有成名品牌宣传的规模效应；⑤利用核心产品的无形资产，提高关联产品的规模经济效益等。

企业还应该看到，不适当的品牌延伸，会把品牌带入“陷阱”，影响企业的经营发展。这些不利影响主要表现在以下几个方面。

①不适当的品牌延伸，可能会损害原品牌的高品质形象。比如，“奔驰”公司推出一款价廉的轿车（如价值在 7 万元左右），如果首先在中国这样的发展中国家进行市场推广，就属于品牌延伸不当，就会损害原品牌“奔驰”的高品质形象。这是一个品牌延伸中的品牌干扰问题。低档产品用高档产品的品牌将会干扰和影响主导的高档品牌消费者的精神享受。事实上，为了这种精神享受而愿意付出代价的程度，发展中国家常常要比发达国家强烈得多。

特别是在中国这样一个有着极大潜力市场的国家，更不能这样做。即“奔驰”公司推出的价廉轿车，不能首先在中国这样的发展中国家进行市场推广，因为“奔驰”品牌已在中国形成了一种特有象征，“奔驰”几乎与实力雄厚的企业画等号。所以这种无形资产，是众多的特定消费者群体愿意花钱购买的重要因素。

这也说明，当一个国家或地区的消费者对某种产品的精神需求远远大于物质需求时，最好不要去破坏这种消费者愿意为其付出高额价款的状况，否则极有可能失去这一市场，更为重要的是失去超值的利润。

②不适当的品牌延伸，可能会扰乱产品的市场定位。产品的市场定位，是指要在潜在的消费者心目中为产品创造一定的优势和特色，赋予产品一定的形象，以适应消费者一定的需求和偏好，并使这种优势和特色在消费者心目中占有相应的位置。企业在进行品牌延伸时，最忌讳的就是违背品牌的市场定位，而使新产品失去与原品牌的连接点。如某医药集团，曾经将知名的医药品牌延伸到毫不相干的酒类上，失败则是一种必然的结果。

③不适当的品牌延伸，可能会使消费者掉入心理陷阱。如快尔洁公司，将快尔洁洗衣粉品牌延伸到饮料产品，盲目推出了快尔洁汽水饮料。随着快尔洁汽水饮料的出现，消费者的心理发生了很微妙的变化：在购买饮用快尔洁汽水饮料时，很多时候都会使他们联想到快尔洁洗衣粉，并感到心里很不舒服。结果在快尔洁汽水饮料推出不久，快尔洁洗衣粉在本地的畅销地位，很快就被竞争对手雕牌洗衣粉所取代。不适当的品牌延伸，使快尔洁公司付出了沉重的代价。

因此，企业在进行品牌延伸时，要特别注意以下几个方面。

一是企业在进行品牌延伸时，首先应该考虑的就是品牌的核心价值和个性；要清醒地意识到，一个成功的品牌延伸其要义就是以统一的核心价值诉求为前提；要意识到一个成功的品牌有自己独特的核心价值与个性。这就是说，企业在进行品牌延伸时，尽量做到不要与品牌原有的核心价值和个性相冲突。

比如，“六神”花露水品牌延伸到“六神”沐浴露，专攻中国夏季个人洗护用品市场，将其目标对准了“六神”花露水的使用者及喜欢传统中医产品的消费者。在产品诉求上，突出产品“清凉、清爽”的感觉，并因延续了“六神”花露水的传统风格，使人很自然地联想到其中药成分有清热功能。

由于这种品牌延伸，充分考虑到品牌原有的核心价值和个性，从而使得品牌延伸大获成功，实现了品牌资产的扩张。

二是企业在进行品牌延伸时，当所延伸的产品与原有产品不具有内在的相同核心价值和个性时，在品牌延伸时就应该考虑延伸品牌与原品牌表面上的关联程度，尽力使延伸产品与原来品牌在其产品的特色、品位状况及其目标消费者等方面相一致。

比如，惠远利公司，在本市收购了一座三星级酒店，冠以“惠远利”的品牌名称于该酒店，以扩大影响和吸引入住率。结果不仅未能如愿以偿，而且还因酒店管理混乱，而影响了原有品牌的形象。这是企业在进行品牌延伸时，既未考虑到所延伸的品牌与原有品牌不具有内在的相同核心价值和个性，又未考虑到所延伸的品牌与原有品牌不存在表面上的关联度。从而使得品牌延伸失败，并给原有的品牌带来了负面的影响。

三是企业在进行品牌延伸时，还应考虑产品的市场潜力和市场竞争的状况。如果企业的产品在市场上已趋于饱和状态，或者企业的产品在市场上不具有明显的差异化优势，这时企业进行品牌延伸，就没有什么实际价值，企业就不必进行品牌延伸。

四是企业在进行品牌延伸时，品牌延伸的速度不能太快，延伸的数目不能太多，要注意品牌延伸的节奏感。比如，在这方面做得比较好的企业农仙归药业，在品牌延伸的时间上控制得就很有节奏感，使得品牌延伸有序进行。如果企业在一定时间内，进行品牌延伸的数量较多，就可能会导致消费者降低对品牌形象的认可度。

五是企业在进行品牌延伸时，应该明确的是，一个品牌的持续生命力在于有效地把握品牌的核心价值，守住经营好属于自己的细分市场。

▲要点提示4：品牌变更的谋略和方法

（3）品牌更换策略。

品牌更换是指企业在生产或提供的产品（或服务）不变的情况下，用新品牌替换原有品牌的一种品牌营销策略。

企业需要更换品牌的情形一般有以下几种情况。

①品牌处于危机状态。是指原有的品牌，由于各种原因，使得它实在没有继续使用下去的价值，基本上失去了对消费者的吸引力。如果再使用原品牌，就会使企业在市场竞争中处于非常不利的地位，因而需要企业更换品牌。

②因企业被其他企业兼并而失去原有品牌。企业被其他企业兼并后，兼并企业的品牌将替换被兼并企业的品牌，被兼并企业只能放弃自己原有的品牌；从被兼并企业方面来说，这种情形就是一种品牌更换，并且是一种迫不得已的品牌更换。

③因品牌定位的调整，而更换品牌标识。品牌定位是品牌识别和品牌陈述的组成部分，它积极地同消费者沟通并展示本品牌相对于市场竞争品牌的特点和优势所在，具有相对的稳定性。但在品牌的经营发展过程中，由于外部市场环境和企业内部情况的变化，品牌定位需要做出相应的调整才能较好地适应变化的市场状况。在这种情形下，更换品牌标识也就成了顺理成章的事。

④因企业联合而使得品牌更换。当企业与企业联合组建一个新的法人企业时，新组建的企业一般会采用新的品牌或仅使用参与联合的企业中某个比较有优势的品牌。这就使得参与联合的企业以前所使用的旧品牌自动消失，或者除了被选中继续使用的品牌外，参与联合企业的其他原有品牌则自动消失。对于这些企业来说，就是一种品牌更换。

⑤因品牌侵权，而更换品牌。这种情形，一般是指自己的品牌由于

被他人事先进行商标注册，而使得自己失去了对该品牌的所有权，因而，不得不放弃原有的品牌。比如，《风雅》杂志，由于与法国的《风雅》同名，而法国的《风雅》已事先在中国注册了《风雅》商标，中国的《风雅》因此构成了侵权，不得已，被迫更名为《风之雅》。

⑥因品牌经营战略的改变而更换品牌标识。在品牌发展的不同阶段，需要不同的经营战略与之相适应，当一个国内品牌需要拓展国际市场时，它就需要品牌经营的国际化战略；另外，有些国际性的大品牌为了适应输入国的市场环境，就因地制宜地采用品牌经营的本地化战略。这两种品牌经营战略的改变都会在一定程度上使得企业更换品牌的标识。比如，夏新更换品牌标识，就是源于品牌国际化经营战略的需要。而联合利华进入中国市场后，为了贯彻它的“以公司运营的所在地为家——成为一家真正本地化的跨国公司”的理念，在中国就启用了新的品牌标识。

此外，为了使企业更换品牌达到预期的效果，在实际更换品牌的操作中，还应该注意以下内容。

一是更换品牌要慎重。企业只有对原有品牌的各方面进行全面分析和研究，才能做出是否更换品牌的决策。

二是根据实际情况选择新品牌。企业应该根据产品和企业自身的特征，以及目标消费者的喜好倾向等来选择新品牌，要通过合适的途径调查了解所选定的新品牌是否具有较强的冲击力，是否与企业的产品特点相适应，并注意及时到商标注册部门注册企业的新品牌。

三是做好新旧品牌更换的过渡性工作。比如，企业应及时在有影响力的媒体上发布更换品牌的公告，在公告中阐述更换品牌的原因和理由，并希望寻求消费者的理解和支持。这样不仅能留住原品牌的老顾客，还能造成较大的广告宣传效应。

四是举办各种有针对性的营销活动，来加强新品牌的推广工作，以便使新品牌以较快的速度被消费者接受和认可。

▲要点提示5：品牌特许经营的谋略与方法

（4）品牌特许策略。

品牌特许（或商标特许）是特许经营的重要内容之一，是指特许者将自己拥有的品牌（包括品牌名称、标志）以特许经营合同的形式授予被特许者使用。像美国的“麦当劳”“百事可乐”等著名品牌在全球各地都是采用品牌特许方式经营的。

品牌特许的益处主要体现在以下几方面。

①品牌特许能使企业的规模向着无限大的方向发展。并且母公司基本上在不用花费任何投资的情形下，就可以实现企业的规模扩大。只要被特许者具备母公司所规定的条件，任何企业都可以成为特许加盟者，这就会使母公司的规模，在这种特许中得到无限量的发展。

②品牌特许能使企业增长实现快速化。比如，肯德基就是通过品牌特许（另外还包括配方特许、经营方式与经营理念特许等），利用他人的钱、他人的力量来快速发展肯德基自己的事业。

③品牌特许能使企业的品牌扩张变得低成本化。对于出售品牌特许权的企业而言，品牌特许经营是一项一本万利的事业，即企业的一个本钱（示范店、示范产品、品牌等），可以很多次甚至上万次地被利用。利用一次，企业在赚一次钱的同时，企业的规模也随之扩大一次。从而使得企业的品牌扩张变得低成本化。

在实际中，餐饮业就是比较适合于采取品牌特许经营的行业。

在餐饮业，无论是老字号品牌，还是新兴的国际品牌，它们在品牌特许加盟的政策和条件下，都是想尽办法来降低品牌特许连锁加盟的门槛，提供各种优惠的条件和必要的支持，来迎合投资者希望花小钱加盟能够赚取大钱的心理，进而也使经营者自己的母公司得以迅速地发展。

比如，老字号低价加盟。“宋罗米粉”是历经百年的老字号，是南方有名的特色小吃。该小吃靠上佳的用料、精细的工艺、独特的口味而经久不衰。它的特许连锁加盟条件简单明确，根据合同期限，加盟费分别为3万元（合同期限为3年）、6万元（合同期限为8年）两种。“宋罗米粉”希望借老字号的品牌号召力，以优惠的加盟条件迅速开拓全国市场。又如，新兴国际品牌，洋味低价加盟。韩国韩美味公司推出了“韩国叁鸭（鸡）煲”“韩国泡菜”“韩式烧烤”“朝鲜冷面”等一系列韩国风味的速食产品。该产品以“美味、健康、低价”进入市场，加盟费用更是超低，只要2万元。除了品牌特许使用外，并以全套技术转让和提供独有的核心配方、开店营运规划、营运支持、营销督导，以及每月免费提供最新产品等优厚条件吸引加盟者。

品牌特许给企业带来了很大的经营空间与利润空间，但在运用品牌特许策略时，也要注意优选被特许者，即优选加盟者；同时还要注意优选品牌特许的时机。比如，被特许者所在地区或城市的经济处于高增长时期，且特许者的产品或服务在该地区或城市很受欢迎，此时，就是进行品牌特许的最佳时机。

（三）品牌管理策略

▲要点提示6：品牌管理的策略和方法

什么是好的品牌管理策略？所谓好的品牌管理策略，简单地说，就是针对合适的消费者群体投放正确的产品。

在品牌管理的具体操作上，可注意以下品牌管理策略的运用。

（1）塔式品牌管理策略。

比如，欧莱雅是以“品位”来进行清晰的品牌定位从而形成鲜明的品牌区分。因为欧莱雅所经营的化妆品是一个以情感性利益和自我表现性利益为产品主要诉求的行业，品牌与品牌之间的最大区分不是功能，而是品牌所代表的不同的品位追求、不同的身份、不同的生存生活方式、不同的审美观。欧莱雅把投放在中国的众多品牌比作一个金字塔，采取塔式品牌管理策略，兰蔻、碧欧泉、赫莲娜是定位在塔顶的高档化妆品牌，薇姿、理肤泉是定位在塔中的保健化妆品品牌，而巴黎欧莱雅、美宝莲、卡尼尔等则是定位在塔底的大众化的品牌。这些品牌定位各异，其目的就是能够满足不同层次消费者的需求。

（2）“肥水不流外人田”的品牌管理策略。

在运用这一策略时，应注意以下三点：一是要注意研究产品的细分市场，然后根据细分市场的需求，不断推出新产品，一个品牌接着一个品牌地有序推出，并注意推出的时机；二是要注意不断强化服务；三是要注意制作出各种各样有吸引力的广告，让消费者能不断有新的品牌价值发现。

比如，宝洁公司在洗发水领域中，以“宝洁”公司大品牌为统领，“潘婷”“飘柔”“海飞丝”“沙宣”……一个品牌接着一个品牌地有序推出。使得宝洁公司在洗发水领域中收获丰盈。

（3）实行品牌经理制的品牌管理策略。

比如，为了保证品牌定位战略落到实处，更好地管理好品牌，欧莱雅就实行了品牌经理制，欧莱雅的每一个品牌都有自己的品牌经理，不同的品牌就相当于一个独立的小公司，各自有一套独立的广告、渠道促销和定价策略。对于每一个品牌经理而言，品牌就像自己的孩子，处处都要替它着想，关爱备至。品牌经理们常常出现在化妆品商店中，指导销售员如何陈设产品，如何应对消费者的各种提问等。

（4）计划式品牌管理策略。

企业应该制订必要的品牌管理计划。企业应该明确，品牌不是一个单纯的广告宣传概念，而是一个科学经营的管理概念，因而制订品牌内部沟通计划，规范品牌的使用，制订品牌扩大及延伸计划，制订品牌特许经营计划，以及制定品牌危机的应对策略等非常重要。

第六章　实用的策划该怎么做

一、策划的内涵

▲要点提示1：策划是什么

简单地说策划，就是一种运筹设计或者一种规划，是策划者的谋略思想在所策划的项目或所策划的事件上的体现。这里的项目，包括产品服务等。

策划，也可以说就是利用自己的智慧将他人的金钱、他人的产品、他人的东西等收归己用。

▲要点提示2：成功策划的方程式

在这里我们可以给出一个成功策划的方程式，即

一个成功的策划 = 善于利用他人的智慧 + 善于利用他人的金钱

一个优秀的策划者，对于某项商品而言，他有可能会起到点石成金的作用，甚至有可能把一个不是商品的产品，一个没有商品要素的物品，变成一个炙手可热的畅销商品。也就是说："没有市场，有可能创造出一个市场来！"这就是策划的价值。

二、怎样做策划

（一）明确做策划的基本流程

▲要点提示1：做策划的基本流程是什么

做策划的基本流程可以简单地表述为：从所策划项目（本章所说项

目均包括产品和服务）或事件的概念挖掘到所策划项目或事件的主题开发，再到所策划项目或事件的时空运筹，最后到所策划项目或事件的推销说服。

在这一策划的基本流程中：

①从辩证逻辑上看，概念是指“人们对事物本质的认识，是逻辑思维的最基本的单元和形式”。在这里，概念是指对策划整体的抽象描绘，是主题的原始生长点。概念的挖掘过程，是指在所策划的项目或事件这一具体目标的指引下，想象思维集中在这一具体目标上，首先是从现实和经验中想象出来的系列前提和假设，前提和假设汇集后，便在策划者的大脑中形成策划的大致轮廓，这种大致轮廓经策划者再思考挖掘逐渐变成一系列较为明朗的印象，这些印象再具体化后，便形成策划的概念。在概念挖掘的过程中，策划者的分析力将起关键性的作用。

②主题开发是指概念的外在显示，是概念的形象、感性的表述。主题是一个成功策划的灵魂，很多策划之所以成功，如“希望工程—百万爱心行动”“百事新生代”等活动的成功，在很大程度上得益于主题的鲜明刺激、独创性和感染力。在主题开发的过程中，想象力是非常重要的。

③时空运筹，是指要把策划者的具体构思变成具体可行的计划，还需在时间和空间上对策划所需要的人力、财力、物力进行充分的准备和及时的调配，这样才能形成策划的具体可行计划，这些计划经过认真细致的评价筛选，所筛选出的最优方案，便成为正式的策划方案。在这一阶段，策划者要善于利用自己的运筹能力。

④推销说服，是指由于策划往往涉及社会的很多方面或人的利益，要成功地实施策划方案，还需要策划者把策划方案推销出去，使策划方案能够获得相关人员的共同认可和支持，以使策划方案能够顺利地实施。在这一阶段，最重要的便是策划者的说服能力。

综上所述，完整的策划过程是一个从现实到抽象，再从抽象返回现实的过程。

（二）依据策划的基本流程来进行具体的策划

▲要点提示2：如何根据策划的基本流程来做策划

在进行具体的策划时，策划者首先应该明确的是，一个好的策划就是一个系统工程，并特别注意消费者的需要，只有满足消费者需要的产品才是好产品。因此，策划者首先要做的就是进行市场调研，积极去发现、去寻找消费者的需要，即积极地去进行产品的概念挖掘。

▲要点提示3：如何进行产品的概念挖掘

（1）产品的概念挖掘。

产品的概念是指产品能够满足消费者某种需求的特征，也可以说是指产品可以解决消费者未满足需求的一种承诺，是产品定位的一种差异化表现。概念的挖掘、开发过程就是对市场和消费者的再认识过程，发掘消费者尚未被满足的需要，并与竞争者的品牌区别开。

在这里，我们可以看到，“概念”直接指向消费者需求的满足，这就是说“策划即提供某种满足”，如果把任何项目、事件或活动的策划都比作产品，我们也会看到“策划的概念”就是策划参与者对消费者某种具体需求的满足。

从这个意义上说，概念是一个成功策划的核心，它是一颗能打进消费者内心的“魔弹”。

那么，一个产品的概念是如何进行挖掘的？

一个乳制品企业决定研发一种粉粒状酸奶增营调味剂，这种增营调味剂不仅能使酸奶的味道变得更好，而且能使营养成分增加，这就是产品的构思，“但消费者买的不是产品的构思，而是产品的概念”。

从产品的构思发展成产品的概念，要询问以下问题。

①产品的目标消费者是谁？即谁会使用这种产品？这种酸奶增营调味剂的对象是儿童、少年、青年，还是中老年人？

②这种产品的主要好处是什么？是使味道好，并增加营养，还是使人变得有精神？

③这种乳酸饮料主要消费时段是何时？早餐、午餐、晚餐、夜宵，还是一天中的任何时段都适合？

根据这些针对消费者的问题，这家乳制品企业就会形成以下几个产品的概念。

概念1：一种早餐营养饮料，酸甜可口，少年、儿童喜欢饮用，并且营养丰富。

概念2：一种很有味道的快餐饮料，能够使成年人快速得到营养补充。

概念3：一种可口的营养补充饮料，适合大众人群饮用。

朦胧的设想经思考挖掘，形成诸多概念后，再经过企业的论证筛选，确定企业最终要做的“产品概念”，就能很清晰地表现企业的意图，并将其切实可行地变成产品卖给消费者。

在产品的研究开发策划中，产品的概念有着很重要的地位。产品的构思只是企业本身希望提供给市场消费者的一个可能的产品设想，这些设想经过考虑、筛选就发展成为产品概念，再经过企业的评估、论证、筛选，才能确定企业最终要做的“产品概念”。

作为策划者，在分析构思产品概念的过程中，最重要的分析原则是“自己的策划能否被目标消费者所接受”。因为策划者销售给目标消费者的是“概念”，这一概念务必满足目标消费者某种需求。

比如，策划一种新产品，策划者就可以参照以下所列问题进行分析，以形成策划对象意欲打算购买的“概念”。

①新产品是否使消费者觉得能解决某方面的问题？

②新产品是否使消费者觉得更安全和更舒适？

③新产品是否使消费者觉得更实用和更方便？

④新产品是否使消费者觉得做事更轻松和更快乐？

⑤新产品是否使消费者觉得更成功和更自信?

⑥新产品是否使消费者觉得有一种高贵的感觉?

⑦新产品是否使消费者觉得有利于自身的健康?

⑧新产品是否使消费者觉得能使自己变得更加漂亮迷人?

以上这些问题均是站在消费者的立场分析的方法。其他如公关策划、广告策划也是如此。

因此，在产品概念的挖掘过程中，要注意多从消费者的立场和角度来分析和考虑问题，去发现消费者的需要，去满足消费者的需要；唯有这样，所推出的“策划概念”才能吸引人，才能较容易地推销出去。

▲要点提示4：如何进行策划主题的选择

（2）策划主题的选择。

策划主题，是策划的中心思想，是策划为达到某个目的而要说明的基本观点。也就是说策划主题是一个策划所要传达诉求的中心信息，这一信息能刺激参与者的心理，使他们按照策划者制定的路线去行动。策划主题包括策划者的策划目标、策划者提供给参与者的物品信息及参与者的心理需求三方面内容。

任何一个成功的策划主题，应当是策划目标、信息、心理需求三者的和谐统一。策划目标构成策划主题的基础和依据；信息使策划主题针对特定的策划对象；心理需求则使策划主题有了目标消费者。

策划主题，是整个策划的灵魂。它统率着整个策划的创意、构想、方案、形象等各要素。它像一根线贯穿于整个策划中，使各个要素有机地组合成一个完整的策划作品。

在策划主题的选择上，以是否符合策划目标、信息、心理需求三者的和谐统一为标准，不同的策划有着不同的策划主题，但也要注意一些相同的特性。

①策划的主题必须能引人注目，能引起大众的注意。如某公司为推销一套美国出版的电视英语教材，决定以“走遍美国”为策划主题举

办营销活动。由于策划主题明确、引人注目，营销活动很成功。

②策划的主题必须通俗易懂。当策划主题把策划概念转换为语言和图形时，一般会做一些“加工”，这种“加工”，应当使“语言和图形”变得通俗易懂，易于被大众所理解接受。

③策划的主题应当具有一定的刺激性，或者说策划的主题应当具有一定的冲击力，以便能使目标消费者产生相应的行动。如“云端快餐连锁店”的招牌设计，其强烈的红白对比和醒目的字体，对顾客就具有极强的冲击力。

④策划的主题应该简洁。策划的主题越简单明了，就越有利于大众理解接受，也就越能得到较为广泛的传播。如申办 2008 年奥运会的口号，北京的申办口号是：“新北京，新奥运！”就很简洁响亮。

另外，在选择、确定策划主题时，还应力求避免以下三种情形。

一是策划主题同一化。策划主题应具有一定的独特性，不能与其他的主题类似，否则就不易突出主题，这样就会使大众混淆不清。

二是策划主题扩散化。策划主题太含糊，有太多的主张，就会使他人不易了解侧重点所在，抓不住要领，留下的印象也就不深。

三是策划主题共有化。策划主题如果有时为这一策划服务，有时又为另一策划服务，这样就会使策划主题失去应有的个性。

▲要点提示 5：策划需要注意运筹中的几个问题

（3）策划在运筹上要注意的问题。

策划有了概念、有了主题、有了初步的设想，还得以实际的客观形势为依据，通过严格的分析与规划，制定出切实可行的具体方案，才可推行。在制定具体方案的过程中，要注意审时度势，要注意运筹的巧妙性。

在这里，运筹是指在策划的过程中，要周密地考虑策划所涉及的各个方面，细致地安排各种举措，详尽地将构思设想拟定成方案，以构造出一个良好的、乐观的势态，使策划得以顺利、良性的运行。

在实际的策划过程中，作为策划者，必须重点注意运筹的以下7个问题。

①策划实施中的人际关系处理对策。

②策划实施中有利害关系的组织或团体的相应对策。

③策划实施中的资金问题对策。

④策划实施中同大众传播媒介的关系融合对策。

⑤策划实施中清除障碍因素的相应对策。

⑥策划实施中与策划实施有关的政府机构沟通对策。

⑦策划实施中与策划实施有关的法律问题研究。

（4）推销说服要注意投其所好。

一个策划方案制定出来后，要使其能够较为顺利的实施，一方面需要策划者能够使更多的人，特别是相关的人，认识到这个策划的价值。另一方面，需要策划者说服更多的人，特别是相关的人来积极认真地参与策划的实施，协助策划者的行动。这样才会使策划赢得更大的成功。

要想说服他人，需要换位思考，认真分析一下，看看他人要怎样才能说服我们自己。

作为策划者要意识到，每个人或每个组织都有不同的需要，并且都是为了满足自己的需要而存在的，要使人产生行动，最直接、最有效的方法就是满足他们的需要。

因此，作为策划者要注意仔细揣摩所要说服对象的现实欲求，然后投其所好，有针对性地满足他们的欲求。这样就会大大提高推销说服的成功率。

在欧洲某城有一位著名的医师，许多保险公司的业务员都想向他推销保险，但均未能如愿。

有位经验丰富的业务员用了大约两个月的时间，收集这位医师的相关材料。然后，他非常自信地走进了这位医师所开的诊所。

他向这位医师递上了一份说明很详尽的报纸特写，标题十分引人注目："著名医师为他的大脑投保百万欧元"。

这篇特写叙述了这位医师如何白手起家，如何治病救人，如何展露高超非凡的医术，又是如何对病人关爱备至，以至于在本市开有多家诊所，很多患者都乐意来他所开的诊所治病。特写写得很感人，还附有医师及其家人的相片。

等医师仔细地看完这篇特写后，业务员说道："我都已安排好了，一旦您去体检通过，本市及周边城市 30 家以上的报纸，会同时以醒目的位置刊登这篇特写。像您这样聪明的人，自然会知道这篇特写对于您的价值，自然会知道这篇特写将会给您带来足够多的新顾客，带给您的收入将大大超过您所支付的保险费用。"

医师又把特写看了一遍，然后递回给业务员说道："给我一份空白的保险申购单。"就这样，这一交易在短短的 30 分钟内就完成了。

这位保险业务员的成功就在于他事先研究揣摩了这位医师的心理欲求，找准了这位医师的最大欲求——"渴望出名的欲望"。

（三）在策划运作的过程中，当创意和可行性及实效性两者不可兼得时，则只取可行性及实效性

▲要点提示 6：策划的可行性及实效性与创意相比谁重要

一个企业所做的策划，虽然很有创意，但执行起来非常困难，就应该果断地舍弃掉。毕竟企业所做的策划，在很大程度上是为了促进产品的销售，赚取更多的利润。

我们常常会看到很多精美的广告，广告的策划设计或文案策划处处强调"唯美"，甚至玩"洋人套路"，却忽略了广告的可行性及实效性。

如果企业所做的策划没有可行性及实效性，不能促进企业产品的销售，帮助企业赚取更多的利润，不能使"策划力"变成"销售力"，策划就失去了价值和意义。对于大多数的中小企业而言，策划的可行性及实效性就显得更为重要，先生存再发展，很重要的任务就是销售，要让

产品具有充足的“销售力”，任何“策划力”都要为此服务。

因此，企业在做策划时，既要注重策划的创意，更要注重策划的可行性及实效性，当两者不可兼得时，应只取策划的可行性及实效性。

健云源公司为推销其生产的产品，所策划的广告均以直诉功效为主，很多策划创意都忍痛舍弃了。如开始策划设计终端展示板时，从展示板的色彩搭配，到图片的表现手法，既有后现代主义的想象，又有印象主义的意境，光字体就策划设计了好几种风格。可是，当把广告展示板摆放在终端时，人们的回头率极低！健云源公司便果断地舍弃这种“很有创意的广告策划”，把展示板的设计方案进行更换，展示板上只保留产品的名称和功效，更为重要的是把功效策划设计得更加醒目。“通俗黑粗”的广告语从很远的地方就能看到。

连竞争对手的经销商都说：“在餐馆都能听见有人在议论健云源公司所生产的产品。”

当产品的销量快速地往上涨，一块小小的展示板都能让消费者和竞争对手们议论时，健云源公司便觉得自己策划设计的目的已经达到了。

（四）在策划运作的过程中，要注意审时度势和使出奇招

“审时”，是指策划者对所处的环境、格局、时局等客观实际情况的判断；“度势”，是指策划者分析所处环境、格局、时局中的有利因素，主动创造出一种机制，使这些有利因素进一步发展，从而较好地推动策划的顺利进行。策划者应该掌握“审时”和“度势”的独到能力。

“使出奇招”，是指运用奇特的手段和技巧，以“出人意料”“变幻莫测”的“招数”取得策划的成功。

任何策划都需要出奇制胜，在商场上的策划也不例外。一个优秀的策划是他人还未认识到的“神机妙算”；一个优秀的策划方案是他人还未来得及预测到的行动。但凡优秀的策划者都能见微知著，先知先“觉”，构思奇特，从而出奇制胜的。

在纪念哥伦布发现美洲大陆500周年之际，一位美国人推出了“拥有一片美国”的全球销售，深圳某公司做出在中国承销10万份的投资决策。一份“拥有一片美国”就是一张在美国拥有50平方英寸（1平方英寸=6.45平方厘米）土地的土地证书。也就是说，购买者掏钱买一份美国土地证书，就可以在美国50个州都拥有1平方英寸的土地。这些土地可以自由进出，也可以赠与、转让、继承，但不可以开发建设。每个州拥有1平方英寸的土地，还不够人放一只脚，会有人买吗？

可深圳某公司却能够较为顺利地将“拥有一片美国”10万份的份额销售出去。究其原因，就是因为它在策划运作的过程中注意审时度势和使出奇招。

在“审时”上，将“拥有一片美国”的销售和哥伦布发现美洲大陆500周年的纪念庆典紧密地联系起来，就是巧借东风，同时国内股票及房地产热正在升温，大众也逐渐具备相应的投资能力，这些机遇的综合为“拥有一片美国”销售活动在中国的进行点亮了绿灯。

在“度势”上，“拥有一片美国”的销售活动，首先选在北京、上海、深圳等大城市进行，这些大城市接受新事物快，是中国流行的先锋者，在这些具有影响力的城市掀起销售热潮，并得到众多传媒的广泛报道，使之成为热点新闻内容，这就极大地增强了销售的攻势。

在“使用奇招”上，“拥有一片美国”的销售活动将购买者所获得的土地证书作为时尚和地位的象征，非常切合很多消费者追求名牌及品位的心理需求。同时，销售活动还设置了幸运抽奖活动，通过公开抽奖的方式，产生10名免费赴美旅游的名额，更是吸引了很多消费者前来购买。

“审时”“度势”和“使用奇招”这三者的巧妙运筹，使深圳某公司这项新奇的销售策划获得了巨大的成功。

在实际的策划运作过程中，“审时”“度势”和“使用奇招”这三者是相辅相成的，缺哪一项都将会影响策划目标的实现。

（五）做策划的基本公式

▲要点提示7：做策划的秘诀（做策划的公式）

为了方便策划者做策划，根据前面所叙述的内容，归纳总结出一个做策划的基本公式，即

做策划＝根据策划的基本流程来思考运作＋在策划运作的过程中，既要注重策划的创意，更要注重策划的可行性及实效性，当两者不可兼得时，则只取策划的可行性及实效性＋在策划运作的过程中，要注意审时度势和使用奇招

作为策划者，在根据“做策划的基本公式”来做策划时，要特别注意灵活性和创新性，更要注意策划的可操作性及实际效果。

三、经典奉献：使小店生意兴隆的策划运作

▲要点提示：小店生意兴隆的实用招数

又一家小店倒闭了！黎维盛投资经营的日用百货小店，在苦苦支撑了6个月后，不得不关门歇业了，几年积攒的投资也随之化为泡影。每天不知有多少这样的悲剧在重演！众所周知，小店经营的大多是与人们日常生活息息相关的常规商品，投资可大可小，技术含量不高，进入门槛低，因而竞争也异常激烈。要想在这样激烈的竞争环境中生存和发展壮大，小店生意经营就要注重以下5大策略。

（1）注重小店的对外宣传。

在这个方面要做到：①尽可能地加大宣传投入。比如，适当利用本地的报纸、电台电视以及户外媒体，或印发一些宣传资料，把一些促销的信息、产品的信息及特色服务的信息及时传递出去，尤其在销售旺季到来时，更应该这样做，以吸引消费者。②要注重店名的设计。尽量做到店名就能吸引顾客，做到雅俗共赏，富有亲和力。比如，同样是理发

店，有的就命名为“形象策划设计中心”，对问题的理解提高了一个层次。同样是饺子馆，有人就取名为“天天过大年”，把吉祥与美味凸显出来。③注重讲究店面店内装饰。店面是一家店铺的形象，设计得整洁美观会给人留下深刻的印象，是吸引顾客消费的一个重要因素。武汉曾有一家饭馆，明亮的玻璃墙上醒目地写着几个大字：“这里的饭菜好吃请告诉大家，这里的饭菜难吃请告诉我们。”使人觉得非常亲切，耐人寻味。④要注重完善牌匾设计。一个完整的牌匾设计内容，应包括所开店铺的名称、属性、经营种类范围、门牌位置、联系电话，还应该有广告语，体现自己的经营理念及经营风格。该醒目的地方，一定要注意醒目的设计。

另外，如果一时找不到理想的经营位置或者已经选择的经营位置开店不是很理想，甚至很偏僻，还要注意通过其他方式来弥补店面位置的不佳对经营产生的不利影响。例如，经营快餐业务，如果所开的快餐店所处的位置不是很好，在正常营业的同时，首先考虑的是把快餐店的相关信息传播出去，如饭菜的品质、味道、分量、优惠策略、特色服务等信息传播出去；其次考虑主动向外拓展业务，如推行免费送餐服务，主动去网吧和一些目标消费群比较集中的区域和单位联系送餐业务，以弥补店面位置不佳对经营产生的不利影响，提高快餐店的经营效益。

（2）消除消费者对小店的不信任心理。

在现实中的很多人都习惯逛大商场、大超市，并在大超市、大商场购物。虽然现在私营商店已比比皆是，但在不少人的心目中，对去私营商店购物仍存有相当的戒心和不情愿，害怕在那里购买到假冒伪劣产品。那些销售服装鞋类和食品日杂的店铺情况还好一些，因为这些产品直观性都比较强，大多数的顾客都能根据基本常识对所购买产品的品质、价格做出相应正确的判断。而对于经营保健品、洗涤用品和化妆美容品之类的小店，顾客一般很难凭经验就可以判断其质量的好坏和品牌的真假。而实际情况是，在现实生活中，大街上的很多这类小店都或多或少存在靠经营假冒产品赚钱的现象。这就自然加大了顾客对在小店购物的不信任感和戒心。因此，小店要想在与大商场、大超市的竞争中获得发展，就必须设法消除顾客对私营小店的不信任感，让他们非常愿意来小店购物。

在现实生活中，可考虑采取以下具体策略来消除顾客对小店的不信任感。

①在确定小店所经营销售的产品后，努力地找到产品质量绝对保证，价格很合理的进货渠道。在这个基础上，推出购货无论多少，即使是一件价格很便宜的商品，都赠送一张诚信卡的策略。诚信卡上面由营业员当面填写顾客所购买物品的品名、数量、价格、购买日期、购货人签名等，并加盖小店的公章。在诚信卡的背面，应印有小店的相关承诺、优惠举措和联系电话。比如，顾客购买产品回去后，发现产品存在质量问题，可凭诚信卡，在10天之内来小店退换；另外，还可凭诚信卡，在第二次来小店购物时，享受5%的价格优惠等。特别要注意的是在诚信卡的下面，最好印上本地工商局消费者投诉中心的地址和电话，这样就会无形中提高了顾客对小店的信任感。

②考虑在小店开业后就公开向顾客承诺：凡是顾客在我店购物回去后，如果觉得不合适或不喜欢，在不影响产品再次原价销售的前提下，可在7日内凭诚信卡来小店办理换货手续。

相信以上两项承诺策略，能消除小店的商圈范围内对该店的不信任感，从而促进经营发展。

但作为小店也应该意识到，采取这两项承诺策略，在实际的经营过程中，可能会给小店带来许多额外的麻烦，特别是“可以换货策略”，可能会出现极个别顾客故意换货的现象。但要相信绝大多数顾客是善良的，我们应该笑脸相迎，热情亲切地对待每一位要求来换货的顾客。这样随着时间的推移，换货的比例将会逐渐下降。就是在这种不怕麻烦和辛劳中，顾客的不信任感消除了，小店的声誉树立起来了，小店的知名度也扩大了，这样小店自然就赚钱了。

实际上，对一个小店的经营来说，只注重小店的宣传推广和在所售商品的质量方面消除顾客的不信任感，仅仅只是构成了吸引顾客来小店购买的两个必要条件，因为那些大商场和大超市，也同样很注重形象宣传，顾客同样也可以放心地购买，因此小店还需要采取其他的策略来吸引顾客购买。

（3）制定出奇制胜的价格策略。

按惊奇价商品、一般价商品和豪华价商品来制定小店所销售的商品价格。惊奇价商品就是挑选一部分顾客较为熟悉的商品，并且对其价格早已了如指掌，小店则给其制定出一个让顾客感觉吃惊的价格来销售。如食品销售中的双汇、康师傅，洗衣皂销售中的雕牌、立白等，营造出小店商品价格极低的印象。而且还给所购买的顾客开具诚信卡，顾客在将信将疑中买一点儿回去使用之后发现确实是真货，肯定就会到处宣传。这样过不了多久，小店货真价实的名声就会传播出去。一般价商品就是将一些顾客对价格不太熟悉或不太敏感的商品价格制定的仅比大商场、大超市稍微低些，由于小店进货渠道比较直接，获利空间仍然要比那些大商场、大超市大。而豪华价商品，就是指小店特别引入一些利润空间较大，且基本是独家销售的产品，强调其满足顾客感性需求的某种文化，而制定出一个获利丰厚的豪华价格。比如服装店，可以针对某款服装制定豪华价格，在销售中强调自己卖的不仅是服装，更多的是文化。像“李宁牌”服装上“体操王子”在单双杠上的飘逸、洒脱形象，就是服装店所卖的文化。

（4）采取相应的服务策略来吸引顾客。

比如，在顾客购买商品后，除了赠予一张诚信卡之外，还可附带赠予一张售后服务卡，上面印上所承诺售后服务的相关内容和联系电话。如您所开的是服装店，售后服务卡上面可印上三条售后服务承诺为：①凡在我店购买的服装，售后的服装享受一年内免费熨烫。②免费更换拉链、纽扣。③免费修缝所出现的脱边、脱线。

另外，还可采取“知识营销”顾问式的服务策略和情感式的服务策略来吸引顾客。比如，您开的是一家化妆美容品销售小店，您可以采取“知识营销”顾问式的营销策略，聘请一位兼职的化妆美容品老师，不定期的去一些女员工较多的单位，集中讲述化妆美容品的使用知识和皮肤保养的方法，并推荐小店所销售的化妆美容品，来培养小店的忠实消费者。对小店的营业员进行有针对性的化妆美容护肤等相关知识培训，然后由她们对来店选购产品的顾客进行顾问式的化妆美容护肤等相关知识和技巧的免费服务咨询，并向顾客推荐适合的化妆美容护肤产品。

如果您开的是一家百货小店，可采取情感式的服务策略来吸引顾客。先对小店的营业员进行必要的商品知识和营销知识培训，以便做好售前、售中和售后服务。当顾客进店后，营业员应与顾客保持一定的距离进行观察，在顾客有疑问时，应迅速向前，适时地解答顾客的疑问，或介绍商品的特点，或以适当的话题与顾客聊天，进行情感沟通，以情感人；当顾客在购买与否犹豫不决时，可通过介绍商品的性能、特点及适应性，以及本店的诚信保证，来激发顾客的购买欲望，达到销售的目的。

（5）采取有效的广告策略来吸引顾客。

通过以上所制定、推行的四项策略，一个货真价实，而且服务到位的小店基本上就浮出了水面。但还要想办法让更多的顾客知道才行，这就要依靠有效的广告策略。

在现实生活中，对于很多小本经营的小店或小企业来说，做广告是一项相当奢侈的花费。很多小店店主苦于资金的局限，对广告要么就是不敢去做，以为做广告动辄要上万元、十几万元的资金，要么就是不知道怎么去做。

可实际上，只要小店采取的广告策略得当，同样可以花费很少的资金，做出效果令人满意的广告。

由于小店一般资金都非常有限，加上很多小店经营的位置一般都不是很理想，采用大众的广告媒体肯定是不合适的，比较合适的广告媒体，应该采用印制的传单和海报。

如果采用传单这种广告形式来吸引顾客，首先要做的是，根据目标顾客的需求和心理感受来撰写传单内容，重点内容一定要醒目，比如，产品的独特功效、产品的惊奇低价等，尽量做到使目标顾客看后，有一种想购买的欲望或心动的感觉；其次要尽可能地将传单广告准确有效地发放到目标顾客的手中，避免资源的浪费。

这就要求小店要经常深入地研究顾客，特别是目标顾客的需求和心理感受的变化，运用有吸引力的言辞来拟定叙述传单上的具体内容，并尽可能准确有效地发放到目标顾客的手中，打动他们，使他们及时来小店购买物品。

比如，小店做促销打折活动。由于现实生活中的打折促销优惠活动很多，在顾客的潜意识中总是认为，不管商店或商场超市所宣传的打折幅度是多么的诱人，它们总是赚钱的。在顾客付出实际购买行动之前，其并没有感觉到得到了什么利益。例如，本来一种商品的零售价格是30元，现在促销活动打7折，对顾客来说少花9元钱就可以买到这种商品，其实际就是顾客得到了9元的利益赠予。但消费者的感觉是，要购买这种商品，仍要掏出21元，并未意识到已经得到了9元的利益赠予。所以很多人对各式各样的打折促销活动均默然视之。那么，如何才能消除顾客的这种漠然，激发起他们的购买热情和欲望呢？

我们可以这样来设计这一份小店打折促销活动的传单。

醒目的标题是："请收好！这是赠送给您的9元钱。"

内文的基本意思是：在顾客中长期享有良好信誉的某某日用品商店，为回报广大顾客的长期厚爱和支持，特于某年某月某日至某年某月某日举办为期一周的打折促销活动。届时请带这份传单到店里购物，这份传单就可以抵9元现金。另外，还要注意在传单的下面标注限购哪些商品及每次购物限用一张的提示。相信，这张传单发放出去以后，效果会让您感到惊讶，可以想象出小店举办打折促销活动的第一天顾客手持小传单上门购物拥挤的火爆情景。

小店采取的另一个常用宣传手段就是海报。比如，在某地有一家米粉店，卖的是一种比较有特色的米粉。小店的位置很偏僻。米粉店开张以后生意一直不好。到第三周星期一，门口突然贴出了一张道歉海报，海报上醒目写着："尊敬的顾客，很是抱歉！今天的香辣米粉已经卖完，明天请早点光顾！新的惊喜会拥抱您！"这张海报连续出现了7天。7天后，顾客渐渐多起来。两个星期后，米粉店几乎天天顾客盈门。后来大家才知道，这是米粉店店主玩的"空城计"。真是"巧"生"旺"。

另外，还要善于利用每一个事件来树立小店的良好形象，扩大小店的知名度和影响力。

比如，某日营业员由于粗心少找了一元零钱给顾客。下班时，这位粗心的营业员发现了此事并向负责人报告。

小店负责人知道此事后，就可以利用此事来树立小店良好的形象。可设计推出这样的一张海报：

海报特别醒目的标题是"寻找——丢失一元钱的顾客！"

内文是小店的一封真诚的致歉信，叙述小店平时对员工教育不够，致使员工由于工作中的粗心少找了一元给购物的顾客，使得这位在本店购物的顾客，无端地丢失了一元，在此除向他表示歉意外，还希望他能到店里来拿回那少找的一元，并接受小店特意赠送给他的一份礼物。海报的结尾是小店的店名和海报的制作日期并加盖小店的公章。

将上述海报张贴在小店的门口和附近几个居民小区内引人注目的位置，相信这张海报的贴出，小店会受到更多顾客的赞赏和肯定，也会引来更多的顾客来小店购买商品。

通过采取以上五大策略，并严格付诸实施，小店就会生意兴隆和发展壮大。

四、如何选择策划公司来为企业做策划

▲要点提示：企业选择好的策划公司的方法

由于策划是一种特殊的脑力劳动，涉及心理学、管理学、经济学、社会学、传播学、美学等很多知识，因此企业借助专业的策划公司（或策划人）为自己的企业进行策划，更有利于保证策划的效果和策划的成功，更有利于促进企业的发展。

在实际的操作过程中，企业如何才能选择合适的策划公司来为自己的企业进行相关的策划呢？

（1）看策划公司成立的时间长短，服务过的企业有多少，也就是策划的经验如何。

（2）看策划公司的办公场所和办公设施。对于那些挂着策划公司的招牌，可实际上就是一间办公室、一张办公桌、一把椅子、一部电话，宣称什么样的策划都能做的策划公司，企业就要小心远离它们。

（3）看策划公司是否具有专业的调查人员，调查所得数据的分析系统是否合理。因为进行市场调研是策划的基础，没有科学的实际调查就很难产生成功的策划。因此在策划时，一般应该用65%左右的时间做调研，用35%左右的时间做文案。每接到一项策划业务，策划公司首先要做的应该是请市场调研部抽调相关人员组成一个市场调研小组，有针对性的进行详细的市场调查，并对有关问题进行分析研究，写出详细完整的市场调研报告；其次考虑如何做文案。

（4）看策划公司以前所做过的策划项目及相关内容。如所做过的策划项目成功率怎样？所策划过的企业目前现状怎样？所写策划方案的可操作性怎样？

（5）通过与策划公司相关主要策划人员的面对面沟通，了解他们对产品或同类产品，以及行业市场状况的熟悉掌握程度。

（6）通过询问策划公司相关主要策划人员的一些问题，了解他们的知识运用熟练程度，并询问策划价格等方面的情况，以判断是否适合自己的企业。

（7）企业通过打电话或派人去策划公司以前服务过的企业，询问他们所做的策划效果如何，策划费是否物有所值，并请他们对策划公司的信誉度状况进行评价。

（8）企业通过对多家策划公司的“看”，与他们相关主要策划人员面对面的沟通，打电话或派人前去他们曾经服务过的企业询问了解相关情况后，再对这些策划公司进行比较，包括策划的实力比较，策划方案的效果比较，策划的价格比较，信誉度比较等。企业通过比较，选择合适的策划公司进行合作，并与其签订委托策划协议。

企业通过采用以上选择策划公司的方法，就能选择出合适的策划公司来为自己的企业进行相关的策划。

另外，企业还应该意识到，企业与策划公司合作的过程，就是双方智慧碰撞、整合的过程，一个好的策划方案的产生是双方良好沟通和优势互补的结果。

第七章　省钱的管理该怎么做

一、什么样的管理才是好管理

▲要点提示1：什么样的管理方式才是一种好的管理方式

判断一个企业的管理方式是否合理，就要看这种管理方式是否有利于企业降低生产经营成本，是否有利于企业调动员工的工作积极性，是否有利于企业的发展。如果企业所采取的管理方式，能够有效地降低生产经营成本，能够有效地调动员工的工作积极性，能够有效地促进企业发展，那么企业所采取的管理方式，就是一种好的管理方式，企业的管理就是一种好的管理。

比如，海信集团公司在管理上推行全员劳动生产率创新（TPI，又称为组织创新）和全员劳动生产率保持（TPM）的管理制度，即要求每一位员工都学会自己找问题，自己解决问题；遇到自己无法解决的问题，团队集体就会对其提供帮助。随着这一管理制度的推行，一方面海信的员工逐步认识到，超越“模糊”状态，进入“清晰的”“具体的”“完整的”管理思维是将现代企业做好的最基本的要求，从而提升了员工的综合素养。另一方面，员工的工作积极性被极大地调动起来，从而促进了海信的发展。因此，海信所推行的管理方法就是好的管理方法，这样的管理就是好的管理。

另外，企业在根据自己的实际情况建立管理制度推行管理方式时，有两点需要认真考虑。

▲要点提示2：企业在建立管理制度时，需要考虑的两点是什么

一是中国人的文化与西方人的文化不同。西方人崇尚分权，喜欢精确，因此西方人所建立的管理制度往往较为规范明确，哪个岗位该干什么、奖惩措施非常清楚，并且企业的民主意识也很强。因此中国企业完全照搬西方的管理制度及流程，是行不通的。中国企业可以借鉴西方企业管理制度及流程中的精华，并根据自身实际情况建立适合自己的管理制度。

二是企业是打算“做大做强”，还是“做专做强”。企业若打算“做大做强”，就考虑按照“做大做强”的要求来建立管理制度；企业若打算“做专做强”，就考虑按照“做专做强”的要求来建立管理制度。但企业要明确的是，企业规模越大，管理层次就越多，管理链条就越长，出现问题的机会就越多。

在这种情况下，企业是否会出现诸如侵占企业利益的问题，取决于以下三个因素。

（1）整个社会信用状况和职业经理人的素质。当年的晋商，有些企业规模很大，分机机构遍布全国各地，员工数千人，企业效益很好。就是因为晋商有一套很好的信用制度，如职业经理人都是从本地选派，经过长期的观察考验，并且不讲信用的成本很高，给他机会他都不会去侵占企业的利益。

（2）企业的管理水平状况。像肯德基、诺基亚、可口可乐、宝洁这样的企业，为什么能够做大做强？一个很重要的原因就是它们的管理制度比较健全、管理水平比较高。

（3）整个社会的法制健全状况和执行的力度。如果一个社会的法制很健全、很完善，执法严格、执法力度很高，即使有机会，人们也不敢去侵占企业的利益。而现在整个社会的法制还有待健全和完善，执法力度还有待提高和加强。

二、如何进行问题管理

（一）问题管理的概念

▲要点提示1：问题管理的三个层面

所谓问题管理是指以解决问题为导向，以控制问题、表达问题、归结问题、处理问题为核心的一套管理理论和管理方法，是一种简单而有效的管理模式。

这种管理模式一般包括三个层面：一是问题的理论，它是对问题进行总结和研究以后，经过抽象和概括得出的一般规律；二是问题管理的技术，这个层面主要是通过培训、咨询等方式把问题管理理论变成可操作执行的管理实践；三是问题管理实务，它是在具体管理工作中导入问题的原理和方法。以上三个层面是相互依存、相辅相成的。

（二）进行问题管理的流程

▲要点提示2：按照怎样的流程来进行问题管理

企业中的问题大量存在，企业中的每个人可能都会发现一些比较零散的问题，但要想发现众多问题中的关键性问题并不是一件容易的事。

企业可以通过以下流程来进行问题管理控制。

一是企业可以在组织中设立问题管理小组或设置问题管理意见箱，无论是谁发现问题，都可以上报；二是对于所发现的问题应该将与其有关联的所有方面，以及解决问题的应急方案都记录在案；三是根据问题记录按不同的属性、影响程度、优先级别等进行归类，建立问题数据库；四是在以上前三项工作的基础上，对企业出现的问题进行全面调查和系统分析，找出更好的或新的应急措施，将问题管理记录随时更新，以备不时之需；五是以上工作都应该在问题管理小组的监督下完成，以确保其准确性。

通过这样一个严谨有序的问题管理控制流程，企业不仅可以有效地解决问题，而且还能够通过问题数据库来预测问题，及时地采取相应的预防措施，以避免问题的发生。

（三）问题管理的实际操作

▲要点提示3：如何进行问题管理

在问题管理的实际操作中，应把工作的重点放在发现问题、分析问题和解决问题上。

我们来看运德盛公司是如何进行问题管理的。

（1）存在的问题。

运德盛公司问题管理小组发现，运德盛公司在实际的生产过程中，常常由于主观或客观上的原因导致生产任务不能按时完成，从而导致生产计划安排的失控，使得如何对上期生产任务进行有效控制和对下期生产计划进行有效预测逐渐成为一个令企业管理者头疼的问题。

运德盛公司问题管理小组通过调查研究发现，公司生产计划的执行与生产计划的安排照顾之所以出现偏差，与以下因素有关。

①生产计划安排不合理导致的计划执行偏差。生产计划是公司上下的行动纲领，是各级任务的来源，是检查考核的重要标准。当生产计划出现没有进行合理安排的情形时，就会导致有的部门无法按时完成生产任务，而同时又出现另一些部门生产任务指标不够的情形。

②生产过程中的突发事件导致的生产计划执行偏差。比如，有时公司为了能够及时交货，而改变原来的生产计划，从而导致公司整个生产计划执行出现偏差。

③员工工作积极性没有充分调动导致的生产计划执行偏差。公司制定有健全的员工行为标准、各种规定和劳动纪律等，一旦员工的行为违反规章制度，相关的管理人员就会及时地予以指出和纠正并进行处罚。

如果处理不当就会导致员工工作情绪不稳定，甚至消极工作，从而导致生产计划执行出现偏差。

④公司存在着在各种工作标准执行上出现偏移的现象，进而导致生产计划执行出现偏差。比如，员工不按工作标准要求进行操作，致使公司在生产计划执行上出现偏差。

（2）解决问题的思路。

运德盛公司问题管理小组根据对公司出现生产计划执行偏差问题的原因分析，提出了以下解决问题的思路。

①进行事前预测。公司应根据以前的生产和销售情况，对未来的市场需求前景进行合理的预测，并结合公司现有的生产能力制订下一期的生产计划。预先分析可能使计划执行发生偏差的因素和环节，并制定相应的应对方案。

②进行事中控制。公司应动态观察、时时监督生产计划的执行情况，一旦发现生产计划执行出现偏差，就应及时做出调整。

③进行事后分析。公司的生产计划在执行一段时间后（或一个周期后），应及时总结，分析生产计划执行出现偏差的原因，并采取纠正措施予以纠正，调控下一个阶段（或下一个周期）公司的生产经营活动。

（3）解决问题的方案。

提出解决问题的具体方案如下。

①制订较为合理的控制流程：生产计划—检查生产计划执行情况—发现生产计划执行出现偏差—分析生产计划执行出现偏差的原因—制订纠正生产计划执行出现偏差的措施—生产计划执行新的动态控制。

②公司可采取多种监控方法进行事中控制和事中调整。公司将生产计划下放到各生产车间，并要求各生产车间按时上报生产计划的执行进度，对那些没有按时完成生产任务的生产车间和生产线及时地分析原因，并提出相应的解决方案。当发现某一个生产车间出现了生产计划执行的偏差，并且可以肯定该车间不能按时完成生产任务时，公司应及时

对生产计划进行必要的调整和部分生产任务的再分配，以确保公司整个生产计划的按时完成。

③公司可进行事后控制和建立新的信息库。当公司所制订的一个阶段（或一个周期）的生产计划完成后，公司的各生产车间和生产线的生产能力就应根据生产计划的完成情况建立新的生产能力信息库。公司利用新的生产能力信息库以及各个生产车间和生产线的生产能力对下一个阶段（或下一个周期）的生产计划进行合理的安排。

另外，公司在控制生产计划的执行过程中还应该注意以下两个问题。一是注意以预防为主。采取预防与解决问题相结合的措施，力求避免生产计划执行出现较大的偏差。二是注意抓住关键性的问题。应该清楚哪些生产计划执行出现偏差是致命的，哪些生产计划执行出现偏差是必须迫切需要解决的，造成生产计划执行出现偏差的根源是什么……使那些关键性的因素得到及时有效的控制，往往可以起到很大的效果。

再如，在南香利食品公司，问题管理小组遇到了一个棘手的问题，即因员工流失导致产品质量不稳定。由于好几个糕点师傅的辞职，公司基本处于无法正常生产的状态，加上又有顾客投诉产品质量问题，使得南香利食品公司的问题管理小组面临着巨大的压力。

（1）问题管理小组分析产生问题的原因和思考解决问题的办法。

南香利食品公司的问题管理小组在分析糕点师傅辞职的原因时，发现主要原因是他们去其他食品公司可以获得更高的薪酬和更好的福利待遇。问题管理小组认为糕点师傅有权利选择更好的去处，对他们的辞职行为表示理解。

于是问题管理小组开始积极地探索、思考解决这个问题的办法。他们想到为什么麦当劳、肯德基在全世界开了众多的连锁店，仍然能保持其固有的品质呢？原因在于它们都有一套严格统一的作业标准。这种标准体系准确地控制生产制作过程中的每一个环节，甚至量化到员工的每一个动作。由此，问题管理小组找到了解决问题的途径，提出一种全新的生产方法：分段式生产法。

（2）问题管理小组提出解决问题的具体方案。

问题管理小组提出采取全新的生产方法，即分段式生产法，来解决因员工流失导致产品质量不稳定的问题，并立即向公司高层做了详细汇报，建议立即在公司施行。

这种分段式生产法的具体内容是，把生产过程分成若干段，每段由一个或一批工人负责，规定其操作的标准方法和程序，分段依次完成，从而完成整个生产过程。尽管对糕点食品企业来说，这样对生产过程进行划分比较困难，刚实施时也受到了来自各方面的阻力，但在公司高层的坚定支持下，坚决实施问题管理小组提出的分段式生产方法。客观的事实证明，公司高层的坚定支持是正确的。分段式生产法改变了由一个糕点大师傅操纵制作全过程的生产方式，既解决了培养一位糕点师傅用时长、投资大、难度大的问题，又解决了由于糕点师傅情绪变化、技术水平不稳定、辞职等造成产品质量出现不稳定的问题。这就使因员工流失导致产品质量不稳定的问题基本解决。因为每个员工只掌握了糕点生产过程中某个环节的操作方法和技巧，某个员工的辞职不会影响糕点的正常生产。

南香利食品公司问题管理小组所提出的分段式生产法，结束了糕点大师傅决定南香利食品公司命运的历史，使得公司不再因员工的流失而出现产品质量不稳定的情形，保证了南香利食品品质的稳定。

（四）如何提升发现问题和解决问题的能力

▲要点提示4：在管理中提升发现问题和解决问题能力的方法

问题管理虽说简单，但是要想真正地发现问题和解决问题却是一个复杂、艰巨的过程。企业一般可以通过系统思维、改变固有的思维方式、树立共同的目标、开展团体学习活动四个方面的不断训练，来逐渐提升组织和个人发现问题及解决问题的能力。

（1）所谓系统思维，是指要求企业员工运用系统的观念来看待企业的发展，通过系统思维的不断修炼，可使企业和员工透过复杂的问题表象看到问题的症结所在，这样有利于解决所出现的问题。

（2）所谓改变固有的思维方式，是指企业和员工应该按事物的本来面目去认识事物。通过该项的不断修炼，可以提高企业和员工认识问题的能力，促使他们采用较为正确的方法去解决问题，而不是按原有的习惯和经验来处理所出现的问题，以便使所出现的问题能够得到及时妥善的解决。

（3）所谓树立共同的目标，是指企业的决策者们应尽力促使企业的全体成员树立起一个共同的目标，树立起共同的价值观与使命感，把众人凝聚在一起。共同的目标为企业成员提供了焦点和能量。因为它把员工个人的目标与企业的目标很好地结合在一起，使得企业成员都能够尽自己最大的努力为企业作贡献，从而积极地去发现企业生存发展中存在的问题并努力地思考解决的办法。

（4）所谓开展团体学习活动，是指企业决策者们有意识地组织企业成员开展团体学习活动，如组织企业的成员利用自己的业余时间阅读、学习同一本书，并要求写出学习心得体会，举办学习心得体会评奖活动，评选出那些非常有实用价值的学习心得体会，并给予适当的奖励。通过开展这样的团体学习活动，不仅可以提高企业成员的整体能力，而且也会加快企业成员的个人成长速度。通过开展团体学习活动，丰富了进行问题管理所需的知识，同时也为问题管理提供了一个知识共享的平台，使得企业中的成员能够进行充分的沟通，以及能够就问题的解决方案快速形成共识，有利于企业所出现问题的迅速有效解决，有利于企业的生存和发展。

三、如何对新员工进行管理

在现代企业中，员工流动非常频繁，随着老员工的离职，企业就要招进新的员工，来为企业补充新鲜血液。可在实际中，常常会看到很多刚招进来的员工没过多久就不辞而别了。企业往往招人容易，留人难。新员工进入企业后，很多是因为难以融入企业的团队，受各种因素的制约，不得不辞职。这样一来，不仅影响了新员工的个人职场前途，也给企业造成了一定的损失，如耗费了企业大量的招聘、培训等直接成本，也耗费了企业由于职位的空缺而引起的机会成本。

曾在一家保健品公司做过五年市场部经理的孟为达，通过人才市场应聘到一家大型食品销售公司做市场部经理。孟为达来到这家公司后，公司高层的想法是在试用期过后让他替代原来业绩平庸的市场部经理。但公司考虑到孟为达不了解公司情况并出于考察他的目的，并未直接任命他做市场部经理，而是让他以高级主管的身份出现在市场部，实际上却把孟为达放在普通市场销售人员的位置上。孟为达被主管市场的副总送到市场部，接待孟为达的是公司的一名普通市场人员。在介绍时，这位主管市场销售的副总向这位接待的市场人员反复强调，孟为达是按高级主管招的，而后又悄悄地告诉公司市场部的这位接待者对孟为达的定位。结果在以后的工作中，一些老员工不自觉地做起了孟为达的“上司领导”，刚上班，就分配给他一大堆的工作。由于刚来公司，对公司的很多情况不太熟悉，这让孟为达无所适从，并感觉很压抑。再加上遭到现任市场部经理的排斥，以及主管市场销售的副总并没有在他上岗前找他谈话，没有明确公司对他寄予的期望，孟为达以为市场部高级主管就是公司给他的定位，认为自己应聘做市场部经理的心愿落空，非常失落，丧失了继续做下去的信心。因而未做满 3 个月他就主动辞职离开了这家公司，另谋发展了。

像这样令新员工和企业都感觉不愉快的辞职事件，还在不断地发生。那么企业如何对新员工进行有效管理，才能使新员工尽快地适应企业，融入企业的团队，长久地留住新员工，让他们在企业“落地生根”并成为企业生存发展的骨干和精英呢？

在实际的操作中，企业的管理者应从以下五个方面入手。

▲要点提示1：如何消除新员工的心理顾虑和压力

（1）了解新员工的需求和心理特点，采取相应的策略。

新员工进入企业后，一方面想尽快地了解企业情况、价值观念、规章制度、工作任务等；另一方面在心理上又存在着很多的顾虑和压力，担心自己能否被其他员工接受，自己的上级和同事是否会给自己很好的帮助等。

新员工在心理上所存在的很多顾虑和压力，对新员工去留影响最大，因此消除新员工的心理顾虑和压力对于降低新员工的离职率非常重要。在实际操作中，消除新员工的心理顾虑和压力可采取以下两种做法。

①给新员工留下良好的第一印象。比如，项树季公司的人力资源部会提前通知公司的前台，在什么时间有一位新员工要来公司报到上班，公司会及时安排员工到前台迎接新员工。新员工来到公司后，被带到相关部门熟悉环境，新员工的办公桌、电脑、电话、片名、文具等所有的办公用品都已准备妥当，桌上摆着鲜花，鲜花旁边放着一张写有温馨字句的欢迎词，在它的背面详细地列有第一天的日程安排，新员工就餐等都有人带领。细致周到、人性化的措施立即给新员工“家”的感觉，让新员工感觉到项树季公司体贴、人性化的管理风格。

从项树季公司迎接新员工的过程，我们可以看到，给新员工留下良好的第一印象，最主要的就是要让新员工体会到企业的细心、周到和真诚。新员工对公司的感情就会从这良好的第一印象开始。

②让老员工对新员工进行帮助。和新员工朝夕相处的是企业的老员工，他们的态度直接影响着新员工的心理。因此对于新员工的到来，应该给老员工明确的通知，告之新员工即将担任的角色，并要求他们为新员工提供帮助，最好能够带新员工一段时间，等新员工熟悉了工作流程后再放手。这样，新员工上岗工作后就不会有因为工作流程不熟悉而产

生的心理压力，就会轻装上阵。在实际操作中，可以使之责任化，即明确老员工带新员工是一种责任。

▲要点提示2：对新员工进行培训的主要内容有哪些

（2）对新员工进行岗前培训。

对于新员工而言，无论其资历与过去的积累有多么的深厚，都需要一个学习与适应的过程，因此对新员工进行岗前的培训是很有必要的。

新员工岗前培训的主要内容包括：本企业的基本状况、经营理念、发展前景、产品介绍、各种规章制度、企业文化、企业的特点和优势等，使新员工对本企业有一个全面、整体概括性的了解。另外，新员工上岗前培训的内容还包括部门职责、岗位职责、岗位工作的状态（如目前正在做的工作状况怎样？是否有困难？困难是什么？未来工作的重点是什么?）等内容，通过对新员工进行上岗前的培训，可以使新员工尽快地熟悉本职工作并进入工作的角色。

▲要点提示3：什么是心理契约

（3）新员工与企业之间存在心理契约，需采取相应策略。

所谓心理契约，是指新员工与企业组织之间对于双方的权利和义务的主观信念。它不同于以书面形式明确写出来的契约，如双方所订立的劳动合同、企业制度、员工应遵守的规章守则等，心理契约是根据这些有形契约及其他因素形成的，主观上对企业组织与自己各自应当担负什么样的责任及享有什么样的权利的一种信念。由于正式的书面契约不可能涉及新员工与企业之间雇用关系的所有方面，对于正式的书面契约未尽的工作及事宜，正是由心理契约来发挥作用的。

心理契约的履行与否对于新员工的行为有重要的影响。当新员工感知企业组织违背了心理契约后，他会重新考虑与企业组织之间的契约关系，并有可能会表现在行动上，如表现出对企业组织的失望，对工作投入的程度降低，以及选择辞职等。而违背心理契约的大多数原因是新员工和企业对心理契约的内容没有一致的认同。或者说雇用双方对于一个承诺是否存在，或对承诺的内容理解不一致。

由于心理契约是内隐的，是新员工和企业双方对权利义务的主观信念，因而内容的统一并不像有形书面契约那样容易达成。因此，在新员工和企业组织之间建立内容一致的心理契约对企业留住新员工很有必要。那么如何在新员工和企业之间建立内容一致的心理契约呢？

▲要点提示4：新员工和企业之间建立内容一致的心理契约的方法

由于新员工心理契约的产生和维持主要受三个方面因素的影响：雇用前的谈判；进入企业后，工作过程中对心理契约的再定义；保持心理契约的公平和动态平衡。因此在实际的操作中，可采取以下措施。

①在招聘新员工时，企业要提供工作的真实情况，并有新员工的主管积极参与。以便使新员工在进入企业之前，尽可能地对企业的义务（主要是指能提供回报，如薪酬待遇、福利状况等）及新员工自己的义务（需要做哪些具体工作）建立正确的认知。力求避免给新员工不能兑现的承诺或不能确定的承诺。如某公司招聘人员在招聘新员工时声称，公司这个部门的员工一般在三年内会有出国的机会。也许招聘人员的原意只是一种职位前景的描述，但在新员工心里则是一种隐含的承诺。可不幸的是，影响对新员工这一承诺是否能实现的往往并不是招聘人员，而是新员工的直接主管，而新员工的直接主管又不清楚自己的同事在招聘中都许下了什么样的承诺。这样，当新员工发现当初所听到的承诺根本无法实现时，就会产生一种失落感，甚至有了辞职的念头。

②加强与新员工之间的沟通。新员工经过在进入企业前与企业招聘人员的谈判，已经建立了与企业组织的心理契约，但这种心理契约往往是不太正确或不太全面的。这是因为新员工刚刚开始从事一项新的工作，一般都是比较兴奋和理想化的，大多对于要从事的工作没有较为全面的认识，信息主要来自自己的观察了解和他人的评论。在进行实际工作之后，便发现了理想与现实之间所存在的差距，这就说明新员工的心理契约是不太正确或不太全面的，因而需要企业在新员工进入企业组织

后，对新员工的心理契约进行再定义。企业采取的主要策略，就是要加强与新员工之间的沟通。新员工进入企业后，企业应该提供在日常工作之外的沟通交流机会。比如，一个部门内的员工在正常工作时间之外，定期组织进行工作交流或者组织相关的讲座，也可以组织本部门的员工外出参观或郊游等，让公司的新老员工有更多私下沟通交流的机会，使新员工能尽快调整并建立起与企业内容一致的心理契约。

③注意不要给新员工过多的工作压力。企业当然希望新员工能给企业创造更多的效益，但作为企业的管理者要知道，新员工刚来，在工作上有一个适应的过程，不可能一进入企业就能解决企业存在已久的问题，或者立即给企业创造价值。企业应该明确，在组织化生存的时代，任何个人的力量都是很有限的，应该强调企业团队的力量，引入新员工是为了弥补团队某方面的不足，或者提高企业团队的整体竞争力。给新员工太多的工作压力（如新员工刚上班就安排大堆的工作让他做），就可能会使新员工感到无所适从，进而有可能产生知难而退的念头。

▲要点提示5：企业如何做才能坚定新员工留下来的信心

（4）给新员工明确的职位定位和职业发展前景，坚定其留下来的决心。

新员工在正式上岗工作之前，企业应该安排新员工的直接主管（或相关人员）对新员工进行一次谈话，在谈话中应该明确新员工上岗工作后的职位定位、薪酬标准、企业福利等细节问题，为新员工规划职业发展前景，以及企业领导对新员工的期望，了解并帮助新员工解决后顾之忧，让新员工感到企业领导对自己的期望和看重，坚定新员工留下来的信心。

▲要点提示6：企业如何做才能促使新员工做出好的工作业绩

（5）给新员工配备合适的上司和对新员工给以高期望，以促使新员工尽快做出好的工作业绩。

企业给新员工配备合适的上司，可以帮助新员工正确地认识工作的内容和标准，及时发现新员工的潜力，适时地给予新员工工作中的激励，有利于新员工做出好的工作业绩。

另外，企业管理者的高期望对于新员工来说，有着很重要的意义。一般来说，企业管理者的高期望对新员工的影响比老员工相对要大。因为随着老员工的日益成熟和经验丰富，他们对于自我的认识已经趋向于较为固定化，这使得企业管理者的高期望难以激发他们不断向好的工作业绩，甚至更好的工作业绩挑战的动力。

然而对于新员工则不同，特别是那些初次就业的新员工，由于他们基本没有什么工作经历，他们非常希望发掘和证明自己的能力，企业管理者的高期望正好给了他们信心和动力，他们会在工作中努力去表现自己，好的工作业绩就有可能在新员工的这种努力工作中产生。因而企业对于新员工给予“高期望”有助于促使新员工在工作中尽快做出好的工作业绩。

企业做好以上五点，新员工才会在充分了解企业的基础上，把自己拥有的正能量与所从事的工作结合起来，产生企业所需要的创造力，产生企业所需要的价值，新员工也才会真正融入企业的团队中，并与企业一起发展成长。

四、企业如何规避经营中的风险

由于在市场经济社会中，任何经营都存在风险，因而如何规避经营中的风险，就成为企业生存和发展过程中需要考虑的问题。

所谓经营风险，一般是指企业在经营中可能遇到的难以逾越的障碍或危险，这种“障碍或危险”可能导致企业竞争力的削弱或丧失，甚至可能会给企业造成无可挽回的损失，致使企业破产倒闭。

企业的经营风险一般是在企业的经营管理人员对企业内外部诸因素变化的不确定性难以把握的情况下发生的。不同类型的企业有着不同的经营风险，同一个企业在不同的发展阶段也会有着不同的经营风险。但就经营风险发生的原因和表现形式来看，一般来说，企业的经营风险有以下几种。

▲要点提示1：企业如何规避决策方面的风险

（1）企业在决策方面的风险及如何规避。

对于一个企业而言，首先要决定做什么，其次才决定怎么做。而决定做什么，也就是决定选择进入什么样的经营领域，以及决定选择所进入经营领域中的什么产品来经营，并且不断根据市场和企业内部情况的变化，对经营领域及所经营的产品进行必要的调整，这就是经营决策。对于一个企业来说，没有比经营领域及所经营的具体产品的确定及其调整更重要的了。比如，一些企业在开发出成功的产品后，容易出现的一种情形就是，坚持成功的产品不放，不顾市场需求和技术进步的变化，对开发新产品缺乏热情和努力，甚至容不得新产品和新概念，以致于错过了更好的发展机会。等到问题出来，或者已经发展成危机后再采取相应措施，往往不能奏效，为时已晚。

20世纪90年代，S公司由于技术先进，所生产的产品很畅销。可进入21世纪后，因为产品没有及时更新，市场日益萎缩，公司面临破产的危机。因此每个企业都要高度关注其主营产品的生命周期，并依此决定经营产品的调整。企业经营的产品是否需要调整这要看企业的经营能力和产品本身的生命力。

为规避企业在决策方面的风险，在实际的操作中，企业应注意以下几点。

①企业领导要善于听取不同的意见，特别是专家的意见和反对者的意见。不同意见常常是预测和识别风险的重要渠道。作为企业领导要意识到，发现和捕捉企业经营运行中所存在的问题，并采取相应的措施加以解决是企业领导层的一个重要职责。企业所存在的问题可能就是企业生存发展中的障碍和风险。企业领导要意识到，企业生存和发展的过程

就是一个不断解决问题的过程，就是一个企业不断规避风险的过程，要经常地预测风险和识别风险，并根据可能发生的风险采取相应的措施。

②企业在选择经营领域时，既要注意其是否是朝阳行业，也要考虑自身在这个领域中是否具有优势。比如，第三产业是选择进入餐饮业，还是娱乐业，还是文化业？要结合企业自己的优势。

③企业要注意选择那些较为熟悉、投资较少、比较稳妥的产品项目来经营。

④企业要注意选择阳光产业、朝阳产业，避开那些已经走下坡路的行业和产品，所选择经营的产品既要贴近生活、价格适宜，又要有较大的市场容量，只有这样才能有效地规避企业决策方面的风险，才能做出正确的决策。

⑤企业决策层应注意正确地赋予经营者权力和适度分权，以便克服人为因素带来的经营风险，用制度保障决策层的决策得到充分贯彻。

在实际的操作上，董事会作为企业的最高决策机构，应根据储备人选的能力、工作经验、以前的工作业绩等综合考虑后成正比例地授权，并限制在执行权这个范畴。董事会只管到正职，总裁由董事会直接任命，副总裁和企业重要部门经理由总裁提名。董事会认同后由总裁直接任命。当企业的大多数股东对董事会的决定提出异议时，可以通过股东代表大会来表决。这里需要说明的是，董事会的授权必须对被授权者有明确的要求，如经营目标要求、管理目标要求、利润目标要求、财务计划、奖惩措施等，并要求其适当地再向下分权。分权也应采取授权签字的方式，由正职明确副职的职责和具体的要求，并报企业董事会备案。这样，通过制定一系列的制度，来限制个人享用无限大的权力或滥用手中的权力。以保障董事会的决策意图能够顺利实现，规避决策方面的风险。

▲要点提示2：企业如何规避用人方面的风险

（2）企业人事方面的风险及其规避。

企业人事方面的风险，也可以称为企业用人的风险。企业人事方面的风险一般分为两个层次：第一个层次是企业经营者或职业经理人的素质，即企业家的素质；第二个层次是企业管理人员的素质和制度。在这两个层次中，第一个层次是第一位的、主要的，因为第二个层次实际上是第一个层次的延伸。一个高素质的经营者或职业经理人，可以使一个濒临破产的企业起死回生；同样，一个低素质的经营者或职业经理人则可以使一个优秀的企业迅速走向衰败。

20世纪末的诺基亚公司，开始陷入困境，于是便从造纸转向生产卫生纸，又转向生产电视、汽车轮胎等。诺基亚公司的新任总裁决定：放弃原有的一切业务，全力投入电信产业。瞄准的竞争对手是当时世界电信产业的巨头阿尔卡特和西门子，推出了后来受到世界认可的新的数字标准——GSM。在强手当道、竞争激烈的电信市场环境中，这家远在地球一角的公司，竟然走在了很多著名的世界性大企业的前面，开始在世界“声名显赫”。这就是诺基亚公司新任总裁带来的变革，这就是高素质企业家的作用，这就是高素质企业家的力量。

为了规避企业在人事方面（或用人方面）的风险，在实际的操作中，企业可建立企业人才流动机制，以保证企业充满活力。企业通过制定相应的制度，来保证企业人才的合理流动。如规定企业部门的正职及某些重要岗位的领导人的任期为3年或更长；领导人员任期届满，通过由既有理论知识，又有丰富实践经验的专业人员组成的审计小组进行任期审计，考察离任领导的业绩后，由决策机构根据任期审计小组的审计结论对其做出晋升或降职，甚至辞退的决定，力求做到“有作为便有职位”，禁止出现平调现象。这样就能从制度上解决企业管理干部能上难下的问题。

上述这种强制性的人才流动制度，其作用还体现在：①任何一个部门的领导者，无论官职大小，从上任开始，就处于一种倒计时的限定状态，这样就会使其产生必要的紧迫感，有利于克服人的惰性，也便于其有计划、较为合理地安排自己的工作和时间；②强制性的人才流动可使企业员工定期地变换工作岗位，有利于企业员工知识面的拓展和综合素质的培养，也有利于挖掘员工个人的潜在能力；③强制性的人才流动，还可以消除员工因长时间停留在某个较为固定的工作岗位上而导致的在处理具体问题时易受感情影响的弊端。

企业应注意采取慎重增人、慎重减人、轮岗调剂的方式，以规避人事方面（或用人方面）的风险。在一个企业中，减人很容易引发各种问题。而人浮于事又是一件很可怕的事情，一个部门随着人员的增加，总效益在增大，但边际效益却在递减。这里有一个均衡点，即这个部门所需要的合适人数是多少。比如，这个部门所需要的合适人数是 9 个人，那么“所需要的合适人数 9 个人”就是均衡点。当这个部门人员增加超过这个均衡点较多时，比如这个部门有 12 个人，甚至更多，人事风险即已发生。这种风险产生的原因，一是由于企业的各部门都有自我扩张的倾向，如约束不力，就有可能超越均衡点，走向机构臃肿；二是由于这个均衡点会随着市场的变化而变迁，比如，当市场对人的依赖程度降低时，原来的均衡点就会发生后移，这样就自然造成了人员过剩。

▲要点提示 3：企业如何规避多种经营方面的风险

（3）企业多种经营方面的风险及如何规避。

企业多种经营方面的风险，也可称为企业多元化经营方面的风险。一些企业依靠少数产品的成功，资金充裕起来，投资扩张的欲望也就膨胀起来，不顾企业自身的实际情况，盲目进行多种经营。殊不知，企业轻易进入陌生领域是要冒很大风险的，企业进入陌生领域的专业人才状况、新市场的特点、企业自身所具备的相关条件、竞争者的力量等都可能给企业带来风险。

如何规避多种经营方面的风险。在实际的操作中，企业可注意以下两点。

①企业的经营者应该明确的是，做多种经营（经营多元化），绝对

不是企业管理者任务和人数的简单叠加，而是有着更高层次的要求。现代企业生存发展的决定因素是企业的竞争力，在竞争力中具有很大影响的是品牌。一个好的品牌，是企业长期有效经营的结果；名牌产品，更是特色显著，在技术上精益求精，在售后服务上细致周到。因此，企业首先应当集中人力、物力、财力，在一种产品上下大功夫，形成自己的"核心"竞争力，创出自己的名牌产品。在这个过程中，有意识地锻炼企业对市场的掌控能力和开拓能力，形成一整套好的管理方式和企业运作模式，并注意培养和储备一批高素质的人才，等到实力具备和条件成熟时再做多种经营（多元化经营），这样会大大降低企业从事多种经营所带来的风险。

②如果企业不具备做多种经营（多元化经营）的条件，又希望通过多种经营来获取更多的利润，这时企业可以与另一个具有优势的企业（如市场优势、人才优势、资金优势，或具有相关的多方面优势等）进行合作，来共同经营某一新的产品项目，实现与合作企业的利益共享、风险共担，以降低企业单独做多种经营（多元化经营）所带来的风险。

▲要点提示4：企业如何规避国际投资方面的风险

（4）国际投资方面的风险及其规避。

企业国际投资方面的风险主要表现在对投资国的信息了解掌握和应对不力。

企业在进行国际经营方面，一般有以下几种形式：第一种是产品被动出口，即由外贸公司收购企业产品，然后再出口；第二种是企业产品主动出口，即由企业自己经营出口；第三种是企业去其他国家投资，即到其他国家办企业；第四种是企业建立跨国公司，将整个世界看成一个统一的大市场。在这四种形式中，风险最大的就是企业到其他国家的领土上去投资。企业到境外去投资，这是发展国际贸易的跨越和升华。

为规避国际投资方面的风险，在实际的操作中，企业应注意以下三点。

①企业应全面掌握所要投资的国家的信息。这些信息主要包括政治形势、社会治安、法律制度、文化习俗、宗教信仰、风土人情、原料供给、人力资源、产品市场等，并进行可行性研究，多向熟悉或信誉度较高的机构咨询，对存在的问题、困难或可能存在的问题、困难想好应对的策略；在对境外投资国家的投资成功非常有把握后，再进行具体的操作，以规避国际投资方面的风险。

②企业应注意所出口产品内在质量和外在质量的稳定性，避免因运输方式不当造成的产品质量问题，从产品质量上规避国际投资方面的风险。

③企业在出口产品售后服务上，应注意将信息反馈、售后服务力量、服务网点、零备件供应、服务范围等各个方面有机地组合成完整的售后服务系统，以规避企业国际投资方面的风险。

▲要点提示5：企业如何规避拖欠货款方面的风险

（5）企业信用方面的风险及其规避。

企业信用方面的风险主要是指企业货款拖欠方面的风险。很多企业往往忽略了“客户选择和维护”这个环节，由于客户信息的收集、整理和分析没有销售那么迫切，企业对于潜在客户往往疏于做事先的全面了解。而一旦与潜在客户开始业务往来，就来不及做深入的了解，只能根据所掌握的片面情况匆匆地做出交易决策，同时也撒下了风险的种子。既然已与客户达成交易，企业就会丧失收集客户信息的紧迫性，甚至不再对客户信息进行补充和动态追踪，等到发生了拖欠事实，追讨拖欠款项收效甚微时，才感觉到问题的严重性。

为了规避（或有效控制）客户拖欠货款方面的风险，在实际的操作中，企业应注意以下两点。

①企业应该明确，规避（或有效控制）客户拖欠货款方面的风险，重点在事前控制，因而要注意强化客户信息管理工作，力求做到事先调

查、搜集、整理、分析每一位客户的信息。调查、搜集、整理、分析客户的信息既要全面，又要有侧重点，应将重点放在客户的支付能力、客户的经营状况、客户的行为方式三个方面。其中，尤为重要的是客户的行为方式，因为合作企业的主要负责人或交易的主要负责人的品行状况从根本上决定了交易的风险程度。企业在充分了解客户的支付能力、客户的经营状况、客户的行为方式三方面的情况后，就能确定与客户进行交易的风险程度，以及在交易合同的谈判中能够有的放矢，从而在合同中确定较为稳妥的交易条款。这样在事前就能最大限度地规避（或有效控制）拖欠货款方面的风险，同时也能使企业争取到更多的客户。

②企业也可以采取建立全过程信用管理方式来规避（或有效控制）拖欠货款方面的风险。这种“全过程信用管理方式”的操作要点是：

a. 企业单独成立一个信用管理部门（或信用管理小组），由信用管理部门（或信用管理小组）审核每一个客户的信用额。

b. 建立一套客户资信管理制度，其中包括客户信用信息的收集方法，并明确客户的支付能力、客户的经营状况、客户的行为方式三个方面信息为客户信用收集的重点；客户资信档案的建立与管理；对客户的信用风险进行动态性的监控。

c. 企业制定稳妥的信用政策，对客户的信用限额进行较为严格的评审，对企业的赊销业务实行较为规范化的管理，尽可能地提高企业销售与回款业务流程的工作效率，以便从源头上控制信用风险（或拖欠货款风险）的发生。

d. 在企业财务管理系统中建立应收账款的详细档案，由专职人员对整个账款的回收情况进行监控，并主动与客户进行有效沟通，尽量使企业大多数的货款提前收回（或在到期日之前收回），以规避（或有效控制）企业信用方面的风险（或企业拖欠货款方面的风险）。

五、企业不同发展阶段的危机及管理

危机可以说是企业的孪生兄弟，在这个日新月异的时代，企业在不停地与危机周旋，与危机竞争看谁跑在命运的最前面。它有时显得很温柔，但也许明天它就会变成洪水猛兽直面扑来，为企业带来可怕的灾难。

企业的每一次成长都是艰难的阵痛和突破瓶颈的超越，每一次危机大多都在祥和的时光中孕育，又在无奈之中爆发。企业在不同的发展阶段有着不同的主要危机，企业只有积极妥善地解决这些主要危机，才能健康地发展。

（一）企业创业发展阶段的主要危机与管理

▲要点提示 1：企业创业发展阶段的主要危机与管理重点

企业创业的局面打开后，企业的状态开始转变，如业务增多，客户增多，员工人数增加，企业生产、财务、仓储等工作量也随之增多。这个时期员工们大多比较忙碌，加上劳累，企业大多在没有章法可循之中运行，企业经营者或负责人拥有绝对的控制权，产品定价大多也表现出很大的弹性，产品质量的稳定性不高，各项工作的配合也常常出现不默契的情形。由于企业处于创业初期，在产品销售量大幅上升时，很多还会表现出流动资金不足的现象。

还有一些企业在创业发展阶段，由于各种原因的影响，产品销售一直不佳，业务量很少，创业的局面一时难以打开，导致其中一些企业的经营者或负责人开始动摇经营企业的信心。

（1）企业创业发展阶段的主要危机表现。

①过度的忙碌和劳累可能使员工对工作失去信心。在创业发展阶段，很多员工会觉得他们即使每天工作 24 小时，每周 7 天都在工作，

也不能做完所有的工作，他们抱怨负担过重、压力过大。受这种情绪的影响，一些员工可能会对工作失去信心。

②因缺乏必要的流动资金，导致企业发展困难。

③因企业经营的业务，客户较少，获利较少，甚至艰难，导致企业的生存和发展困难。

(2) 企业创业发展阶段的企业管理重点。

针对企业创业发展阶段的主要危机，企业管理的重点应该包括以下几点。

①企业的负责人除了要使自己树立起坚定的信心外，还要促使企业所有的员工都树立起坚定的信心，凝聚企业所有员工的力量，以促使企业顺利地度过创业发展阶段。

②注重企业现金流量状况，建议制定以半个月或以周为单位的现金流量表。

③争取原材料供应商和银行的支持，以应对可能出现的流动资金不足的问题。

④集中企业业务骨干或招聘业务人才，积极拓展业务，找到企业所需要的一些重要客户，并与他们建立长期稳固的关系，以确保企业利润来源的稳定性。

⑤企业的经营者或负责人要注意发现人才，并及时地委以重任，特别是要注意任用那些行动力强、有创新精神、能干实事，并善于团结其他员工的人。在企业创业发展阶段，要求企业的员工，大多能单兵作战，并且具有很强的战斗力。

（二）企业成长发展阶段的主要危机与管理

▲要点提示2：企业成长发展阶段的主要危机与管理重点

企业经过创业发展阶段的奋斗，在取得一定的成果之后，企业的利润基本上处于一个较为稳定的状态，业绩也能维持在一个令人鼓舞的水平，这时企业便进入成长发展阶段。处于成长发展阶段的企业，一般信心十足，自我感觉良好，经过创业发展阶段取得的成就，积累了一定的资金，快速发展的欲望便膨胀起来。一些企业不顾自身的实际情况，一下子扩充增加了很多业务项目，或者成立许多子公司，盲目地进入其他陌生的领域。此时企业的制度尚未建立起来或未规范化，但是人员却在快速地增加，这些有着不同需求的人在一起工作，开始出现内耗与矛盾。

另一方面，企业在进入成长发展阶段之前，大多数是靠企业经营者的精神来导航，其管理在很大程度上是不规范的，尽管企业的发展态势可能很好。而一旦发展到一定的规模，企业的经营管理就必须规范，比如需要定期安排相关的会议，以及对各部门的作用和职责进行重新界定。此外，管理人员也需要提高自身的管理技巧与能力。因为在企业进入成长发展阶段之前，企业的管理人员多为“手把手”的管理者，并非是一个专业的管理人员。而企业进入成长发展阶段之后，企业的快速增长需要管理人员进行较为规范化的管理，它包括企业的计划、组织、激励、控制和领导等。

（1）企业成长发展阶段的主要危机表现。

①在成长发展阶段，一些企业容易出现两种情形，而这两种情形往往容易给企业带来危机。一种是坚持过去成功的产品不放，不顾市场需求和技术进步的变化，不顾竞争对手和消费者的变化，对开拓新产品缺乏热情和努力；另一种情形是盲目做多元化经营，轻易进入较为陌生的领域和投资风险较高的产品项目中，不顾企业的实际情况。使得多年本业辛苦经营的积累，有可能葬送在一个缺乏优势的新项目之中，从而使得企业一蹶不振。

②企业进一步发展所需的主要人才并不完全具备。比如，生产、销售、人力资源、财务、产品研究开发等所需的人才并不完全具备，特别是能力突出的人才更是缺乏，一些企业很难持续发展，就是受限于人才

的缺乏，受限于人才能力的不足。

③过早分权引发的危机。由于企业员工的快速增加，他们之间还未建立起默契配合与相互间的信任，企业过早分权容易失控。强有力的管理者，企业领导层的相对稳定，对有效维持企业的正常运行和发展状态是非常重要的。

④关键性人物流失带来的危机。比如，具有某一方面突出能力和实干精神的企业高层管理者或主要部门的经理（如销售部经理），由于各种原因离开了企业，去投奔其他的企业或组建自己的公司，这会给企业带来巨大的损失甚或引发危机。

⑤在实施规范化管理的过程中，企业守旧派与改革派的冲突可能引发危机。随着企业规模的扩大，员工队伍迅速壮大。由于新进员工的经验、能力与想法各不相同，因而很容易产生矛盾。一般而言，企业原来的创业团队，往往是冲劲十足的行动派，他们不喜欢按常规出牌，喜欢跟着自己的感觉走。再者，企业加强规范管理，势必会损害创业元老的既得利益，特别是会损害一些创业功臣的权益，因而创业团队一般来说希望保持原有的管理方式，极力阻碍企业推行规范化的管理制度。而企业推行规范化管理制度的改革派多为新员工（包括管理层的领导）和有远见的老员工（包括管理层的领导），他们认为，这些企业的元老们如果继续在企业当家，企业的前途堪忧。这种守旧派与改革派的冲突斗争，导致彼此推卸相关责任，互不信任；导致彼此为了维护自身利益，忘记了客户的存在，致使企业的日常事务出现停摆的现象；导致出现满腹牢骚的工作态度，致使企业的产品及服务质量大打折扣。

⑥企业放弃建立规范化管理制度引发的危机。由于守旧派的强烈反对，特别是创业元老和创业功臣们的强烈反对，加上企业经营者或企业负责人的相对弱势，企业最终有可能放弃建立规范化的管理制度，继续保持原来的管理方式。

（2）企业发展阶段的企业管理重点。

针对企业在成长发展阶段的主要危机，企业管理的重点应放在如下方面。

①应注意认真评估各项投资的可行性。在企业还未建立起强大的竞争力之前，在企业的品牌知名度、资金实力状况、企业管理能力、专业人才素质、控制和拓展市场的能力等方面未达到一个很高层次之前，切勿轻易投资陌生领域。

②建立强有力的人才团队。积极招聘、引进企业所需要的人才，特别是要注意招聘、引进企业所需要的能力特别突出的人才。

③坚持实施规范化管理。成立规范化管理制度制定小组，由企业经营者或负责人亲自参与，或主持规范化管理制度的建立，并聘请专家作为顾问，部门主管自己编写规章制度，最后由规范化管理制度制定小组负责审查是否合适。

④建立规范的控制系统。随着企业规模的扩大，员工的快速增加，企业经营者再也没有时间和精力“手把手”地控制一切，只有建立规范的控制系统，才能有效地保证企业的正常运行和发展。在企业的成长发展阶段，企业控制系统中的绩效评估系统和员工薪酬系统必须进一步升级，需要有明确员工职责的工作章程，目标管理方法和正式的员工绩效评价系统都应该被采用。员工的薪酬规定也应该变得更加系统化，并且包含与员工绩效相关联的激励因素在内，以便能够留住人才，特别是留住那些关键性人才或有突出能力的人才，避免他们的流失给企业造成损失。企业通过建立这样一个规范的控制系统，可以有效地保证企业的正常运行和发展。

⑤企业应该大力培养管理人员，特别是中层管理人员（一线管理人员）的管理能力，否则企业将很难做强做大。在实际的操作中，企业应加强对一线管理人员的培训。这是因为企业的管理者大多数为一线管理人员，而一线的管理人员管理的是基层员工，因而对他们要在基本的管

理原则方面进行必要的培训，主要包含人员管理技能（如何激励员工、如何与员工进行有效沟通、如何进行绩效评价、针对冲突如何管理等）、工作计划的执行等方面的基本知识，促使他们理解授权的原则，以及从一个管理者的角度来思考问题和采取行动。

（三）企业稳健发展阶段的主要危机与管理

▲要点提示3：企业稳健发展阶段的主要危机与管理重点

规范化的管理制度、规范化的控制系统和强有力的人才团队的建立，标志着企业已进入了稳健发展阶段。在这一阶段，企业在稳定性与快速发展之间处于一个较好的平衡状态，业绩上的质量与数量都表现不俗，企业的管理也开始迈向更高的层次。随着企业不断壮大与发展，企业呈现出一派繁荣景象。但在这一派繁荣景象之中，企业负责人或企业的决策层，也许已经感觉到企业高级人才的紧缺，虽然企业的功能性人才大多已经成长起来，但是具有较高的综合管理能力和具有突出专业技术能力的复合型高级人才却少得可怜。

（1）企业的稳健发展阶段的主要危机表现。

①缺乏具有较高的综合管理能力和具有突出专业技术能力的复合型高级人才。

②企业很多已经成长起来的功能性人才，在工作中开始出现骄傲自满的情绪，缺乏进取心和危机意识。

（2）企业稳健发展阶段的管理重点。

①在当地有影响力的媒体上或人才信息报上做“重金招聘高级人才”和“重赏高级人才推荐人”的宣传广告。如果企业经营者或负责人没有重金招聘的决心，就很难吸引企业所需的高级人才前来应聘。当企业“重金招聘高级人才”的招聘广告做出后，对于前来应聘的高级人才，应由企业的人力资源部对他们中的每个人进行全方位的调查，然后由专家主持招聘测试，从中选出企业所需要的高级人才。

②在业内同行中获取所需要的高级人才。

③有条件的企业也可以建立企业大学全面培养各层次人才，对于企业所需的高级人才，企业也可以联合著名大学一起来培养。

④企业应该有意识地通过激励全体员工，特别是企业的高级人才，促使他们树立起危机意识，避免骄傲自满情绪的产生，促使他们在为企业努力工作、多作贡献的同时，也能实现自身的人生价值。从而实现员工和企业的双赢。

⑤制定企业的总体发展战略，注意调整企业的组织结构与运作流程，使之处于更有效的运作状态；重视管理改革，以便能够不断完善管理运作体系，在增强企业抗风险能力的同时，也为企业向更高层次的发展打下一个坚实的基础。

（四）企业成熟持续发展阶段的主要危机与管理

▲要点提示4：企业成熟持续发展阶段的主要危机与管理重点

当企业在行业中的影响力越来越大，企业的发展和获利情况均表现良好，各项业务的运作也处于成熟的状态，这时企业便进入了成熟持续发展阶段。在这一发展阶段，企业的规章制度变得非常完善，企业的各项福利也日益增多，很多领导的主要工作变成了开会，企业内部的创新逐渐减少。企业规模日益变大，也使企业失去了应有的弹性与应变能力，然而市场的变化越来越快，稍有不慎就会使企业的发展出现滑坡的现象。

（1）企业成熟持续发展阶段的主要危机表现。

①很多员工在工作中开始趋于保守，害怕在工作中犯错误，创新意识开始减弱。

②很多员工开始注重做事的形式，忽略做事的目的与本质。

③企业虽然有着较为严密的制度，但因缺乏相应文化的配合，导致

其缺乏应有的活力。

（2）企业成熟持续发展阶段的企业管理重点。

针对企业在成熟持续发展阶段的主要危机，企业的管理应注重以下几个方面。

①组织相关人员研究如何才能激发本企业组织的活力与竞争力，并根据企业的实际情况研究制定出能够激发组织活力与竞争力的相关措施，尽快付诸实施。

②强调企业整体运作的效率，采取有效措施促使各部门及所有员工改变不良工作习惯，努力提高工作效率。

③注重运用企业文化来激发员工的工作热情和调动员工的工作积极性，以降低管理的成本。

企业创业者应根据实际发展阶段，及时分析可能面临的主要危机，并采取相应的对策，尽力避免危机的发生，使企业的发展始终处于一种健康的状态，这样企业的经营才会永久持续地进行。

第八章　企业文化与用人

一、企业文化

（一）企业文化的内涵

▲要点提示 1：企业文化的内涵是什么

企业文化，是企业的价值观、信念和行为方式的体现。当我们第一次来到一家企业，这家企业的外在形象，给我们留下的第一印象，这就是企业的 VI（视觉设计），包括企业的建筑、办公环境、办公设施等表面的、直观的有形实体；通过企业员工的言谈举止又能了解到企业员工的做事风格，这就是企业文化的具体表现。

企业文化有广义和狭义之分。广义的企业文化是指企业在长期的生产经营过程中，所创造的具有自身特点的物质文化和精神文化的总和。狭义的企业文化是指企业在一定的社会经济条件下，通过社会实践所形成的具有自身特色，并为企业全体成员所遵循的共同意识、价值观念、职业道德、行为规范和准则的总和。它是企业中绝大多数员工所信守的企业经营意识、企业经营指导思想及企业经营战略价值观念的综合反应；是企业在经营管理过程中所创造的具有本企业特色的精神财富的总和，对企业的成员具有感召力和凝聚力，能把众多人的兴趣、目的、需要及由此产生的行为统一起来。

在这里，要特别注意以下三点。

①企业文化内容非常丰富，包括企业哲学、企业精神、企业价值观念、企业目标、企业道德风尚、企业规章制度和企业形象等。

②企业文化的核心内容是企业的精神，是企业管理的灵魂，是引导企业发展的航标，是企业所追求的价值取向。企业文化能够使企业员工为实现企业目标而进行自我约束并努力工作。

③企业文化力到底是一种什么样的力量？企业文化力的实质就是激励力和凝聚力，它能够把教育背景不同、自身经历不同，甚至追求不同的员工团结起来，大家一起为实现企业目标而努力工作。这种力量是企业发展所需的一种内部驱动力。

（二）企业文化的作用

▲要点提示 2：企业文化具有哪些作用

在竞争激烈的市场中，很多成功的企业越来越把自己的成功归结于企业的文化。我们可以试想一下，“惠普之道”为惠普省下了多少品牌推广费用，海尔的企业文化为海尔带来了多少无形价值，“华为基本法”为华为提升了多少品牌知名度和美誉度？如果认真地加以统计和评估，将会是一笔令人惊讶的财富，这就是企业文化的作用。

在现实生活中，企业文化作为一种潜移默化的精神力量，像无形的制度制约着人们，发挥对企业员工的凝聚、导向、激励、约束等诸多作用。这些作用主要体现在以下几个方面。

（1）凝聚作用。

企业文化可以培养员工的团队意识，增强企业凝聚力。它促使企业员工自觉主动地关心企业的状况和发展，并为企业目标的实现努力工作。

（2）导向作用。

企业文化的导向作用主要是指它可以引导企业的全体成员形成统一的价值观，把企业的全体成员聚集到同一个目标上来。

（3）提升员工的归宿感和忠诚度的作用。

企业文化所营造的亲情化企业氛围，让员工在企业有“成就感”“家园感”等，可以培养员工对企业的忠诚。很多著名的企业都非常重视通过建设企业文化的途径来培养员工对企业的忠诚，如日本的松下电器公司。

（4）激励作用。

企业文化可以激励企业成员形成对企业目标和价值观念的认同，对本职工作的工作热情和责任感及对企业的归属感，使企业更具有竞争力和抗风险的能力。

（5）提高员工素质的作用。

企业文化可以促进企业员工素质的提高，员工素质是企业文化建设的基础内容，企业文化塑造建立的过程，也是对企业员工从思想、文化、业务等方面进行培训，并促使员工在这些方面得到提高的过程。在实际的操作中，要注意把企业精神贯穿于各项教育培训之中，注重对员工的职业道德和职业技能进行培训。

（6）约束作用。

作为企业文化组成部分的企业规章制度、奖惩制度等，能对企业员工的思想和行为起到一定的约束作用。

（7）树立企业形象的作用。

企业文化可以树立企业的形象，企业可以通过宣传自我、展示自我，提高对客户的服务质量，提高企业的美誉度，树立起企业良好的社会形象。

（8）稳定作用。

企业文化力是企业长期稳定发展的保障，企业文化在企业稳定发展阶段所起的作用甚至会大大超过企业经营者的管理能力和管理技术所起的作用。

（三）建立健康的企业文化

▲要点提示3：如何建立健康的企业文化

企业要想在激烈的市场竞争中生存和发展，就需要建立与企业发展相适应的企业文化，把企业员工的个人利益与企业的发展目标有机地结合起来，合理配置有助于企业全面发展的积极因素，大力推进企业的文化建设，把企业的文化建设贯穿到企业生产经营的整个过程，充分发挥企业文化所具有的凝聚作用、导向作用、激励作用、约束作用、稳定作用，为企业迎接更激烈的竞争和抵抗更大的风险奠定坚实的基础。

企业在建立健康企业文化的实际操作中，应注意以下几点。

（1）企业的管理者要注重提高自己的个人魅力和管理技巧。因为一个富有个人魅力和管理技巧的管理者首先能为企业带来一种坚定的信念。比如，海信集团、联想集团等，这些企业文化的形成很大程度上取决于企业创始人的领导风格和个人魅力。

（2）要注重“以人为本”。“以人为本”是形成良好企业文化的基础。在一个有着健康企业文化的企业中，总是会把人的价值放在首位，尊重人的思想，能听到不同的声音。企业的领导者要能够接受新思想所带来的冲击，这样才能让企业既保持应有的活力，又能不断地增强企业员工的创造力和行动力。

（3）在继承本民族文化精神精华的基础上，要注重使企业文化本土化。这里“本土化”的含义简单地说，是指企业文化要适应它所处的环境；因为企业内外部环境对企业文化建设的影响很大，如社会氛围、地域、人口、文化水平等都会影响企业文化，当然企业文化对环境也具有反作用。因此企业在建立健康企业文化的过程中，要尽可能地使企业的文化适应它所处的环境，尽可能地本土化。

（4）在招聘员工时，要仔细选择，认真评审，避免招聘到不认同企业文化的员工。因为每个人对企业文化都有自己的理解，只有认同企业文化的员工，企业文化对他才会产生积极的作用。

(5) 要注重营造“事业留人、待遇留人、感情留人”的企业氛围，力求让员工与企业共同成长，力求让员工在企业有“较为自豪的成就感”和“较为温馨的家园感”。

企业管理者应该明确的是，建设优秀的企业文化并使之成为企业的“灵魂”是一项系统工程，它需要有高瞻远瞩的设计者的设计，需要有广大企业员工的积极参与和普遍认同，同时还要结合企业的现实情况。只有这样，才能有可能形成优秀的企业文化，并使这种优秀的企业文化成为企业的灵魂。

二、经典奉献：企业如何留住人才

(一) 企业留不住人才的原因

▲要点提示1：企业为什么留不住人才

人才问题关系到企业的生存发展，因而人才流失的问题，成为一个令很多企业管理者头疼的问题。企业为什么留不住人才？其原因主要表现在以下方面。

(1) 对人才界定识别的偏差，导致双方的分离。

很多企业的经营者一般会从两个方面来判断应聘者的“才”在哪里。一是应聘者的履历。从履历中，可以知道人才目前所处的位置，他曾经达到过的高度和贡献。如果应聘者之前在这些经营者心目中的知名企业工作过，经营者就会给予高度肯定。二是应聘者的表现形式。即根据应聘者的穿着谈吐，待人接物的仪表、仪态等来判断。特别是那些形象突出，口才突出的应聘者更容易受到喜爱。

企业经营者通常对人才的识别存在以下偏差。

①尽管应聘者在履历中显示有大企业的工作经历，但他在大企业工

作时的贡献如何？为什么离开？是否因为他的团队业绩始终没有成长？这些都是需要认真思考的。如果他离职的原因是与某个高层管理者意见不合，那么这个人是否容易情绪化？是否容易因冲动的情绪而影响工作？是否可以再就他工作的其他方面与他进行沟通交流？如询问他做领导时的业绩发展状况，是否有值得回味的经历等。

②忽略了实战人才与管理人才是两种类型的人才。那些在大企业供职的部门经理、分公司经理，或重要部门的主管，都是执行型人才，如今他们应聘来到小一些的企业，是为获得更高的职位。实际上，虽然这些人中的大多数可能具有很强的执行能力，但并非具有谋略全局运筹帷幄的能力。因此，需要对上述人才的思维能力进行界定并测试。如果他的思维方式已经定型，是表象型的，这样的人才就不能再往“高管”的职位上发展了。如果他不具有创新能力，而是直接沿用曾在大企业工作时的做法，未必是适合人才。

很多企业的经营者缺少对企业的战略系统规划设计，他们大多有战略思路，没有战略的系统规划设计和执行系统工程，因此对所需人才的岗位才能表述不清晰明确，即不能清晰明确地表达自己的企业到底需要怎样的人才。如自己的企业已进入精耕细作的发展阶段，需要的就是勤劳型、执行力及亲和力特别强的管理者。企业的战略系统规划设计不同，所需的人才也不同。这表现在对人才的学历、才能结构、性格特征、成长背景和年龄等诸多方面，这些构成了人才的核心内容。由于很多企业经营者缺少对企业的战略系统规划设计，这就使得他们只能确定人才的外部表现，而很难把握人才的核心内容，这样在很大程度上决定了他们对人才的认识是表面的、局部的，从而导致识别人才不够深入，容易出现偏差。

（2）一些人才为了寻找自己的最佳位置，而离开现有的企业。

在现实生活中，有些人想证明自身的价值，在寻找自己的位置，证明自己、试验自己的能力，最终他要去寻找自己的最佳点。这个最佳点并不一定是他“现在所服务的企业”。

（3）人才招聘时双方沟通交流出现偏差或不深入导致分离。

在很多企业经营者的价值观里，崇尚的是艰苦奋斗、不计较个人得失、勇敢拼搏的精神。讨厌那种计较个人得失、表现贵族化的行为。但在工作中又很欣赏这些受过优良教育的人，希望这些高学历者，特别是那些有留学经历的“海龟”派高学历者也能与自己一样做个打拼勇士，先付出后得到。因此在谈到薪酬时，尽可能将基本薪酬压得很低，增加远期的回报，并且非常讨厌在招聘时就薪酬问题的讨价还价。

这些高素质人才在应聘时，又是怎么想的呢？特别是那些有留学经历的高学历者或者曾在跨国公司工作过的高素质人才，他们的思维方式很务实，他们主要关注两个问题。第一，我到你的企业来将扮演什么角色，给我怎样的权利和承担怎样的责任，我的工作目标是什么。这需要企业在一开始就予以明确。但由于很多企业事先缺乏战略系统规划设计，因而无法确定企业的战略目标与人才特点上的关联性，自然就会使得他们很难得到满意的回答。第二，我到你的企业来，主要做什么，做到什么程度，你给我什么样的回报。他们的心里需要非常清楚明白的答案。经过多次变换企业后的经验累积逐渐使他们明白，现在企业的不确定因素太多。如果过于把希望寄托在世事难料的未来，这将对自己非常不利。因此，他们更多地倾向于保障自己的短期利益，从而在底薪上的要求是不会低的。这两点与很多企业经营者的价值评估大多存在偏差。

很多企业经营者的反应则是：“人还没有进到企业来，就要权、要钱，这样的人过于计较，不知道付出后才能得到回报的道理。”因此，很多高素质人才，包括那些有留学经历的高学历者或者曾在跨国公司工作过的高素质人才，在这个阶段就被淘汰了，或者即使勉强进入所应聘的企业，但就职期大多比较短。

（4）企业经营者的自身魅力和处事方式等问题导致分离。

每个企业的经营者都有自己的魅力，但如果企业的某位人才不欣赏经营者的这种魅力，他就有可能选择离开企业，投奔其他企业。同样，每个企业的经营者都有自己的处事方式，但如果企业的某位人才不欣赏经营者的这种处事方式，他也有可能选择离开现在服务的企业，而投奔其他企业。

(5) 人才使用上的偏差导致的分离。

由于很多企业在识别人才时，本身缺乏较为系统的分析，致使在人才的使用上大多使用不到位，存在偏差。这种人才使用上的偏差主要表现在：

①容易对高薪聘用的高级人才期望值过高，希望他是一个全才，很难容忍高级人才在知识技能或人际交往等方面存在缺陷。这就使得双方很难进行长期的合作。

②不能根据每位人才的职业能力准确地安排相应的岗位。每位人才都有比较适合自己职业发展的特定区域，如有些人才比较适合在管理方面发展，有些人才比较适合在销售方面发展，有些人才比较适合在技术方面发展等。对于不同特长的人才，其职位安排应该是不同的，应因才施用，否则就会容易出现双方分离的现象。

（二）企业如何留住人才

▲要点提示 2：企业如何做才能留住人才

企业人才流失问题，反映出很多企业在用人机制上存在某些固有的缺陷，这些缺陷正在侵蚀着企业健康的躯体；日趋收窄的“人才瓶颈”正在扼杀、摧残着企业赖以成长的蓬勃活力。

为了留住人才，企业应该注意以下几个方面的问题。

(1) 采取规范的股份制形式，实行产权的多元化。

现在很多企业员工的归属感、价值认同感、企业向心力明显不如那些优秀的大型企业，人才“供血不足”的问题普遍存在。要改变这种状况，可取的做法是企业采取规范的股份制形式，实行产权的多元化。

因为股东多了，企业内部制度建设和规范化管理刻不容缓。

在企业建立起完善的制度，实行规范化的管理，并优化职业经理人操守及在大力加强企业文化建设的情形下，股东们才有可能放心地交权，也才有可能增强员工的归属感、价值认同感和企业的向心力，也为职业经理人的进入和施展才华提供了一个理想的操作平台。

（2）企业要讲求民主集中制。

经营者和员工之间如同两条非平行线，一般都会有一个交叉点，即大家的共同利益点，有了这个共同的利益点，经营者和员工的关系就会达到平衡。但这个平衡是暂时的，所以经营者的挑战就在于如何在企业发展变化的过程中，不断创造新的平衡或尽可能长久地保持平衡。要让平衡牢靠或尽可能地保持久，关键在于经营者与员工之间有一个共同的价值观和道德观；相比之下，企业制度等约束机制倒是次要的。如果企业的经营者是一位富于创造、以事业为荣的有识之士，那么他就会更多地考虑如何才能发挥员工的特长和如何才能保证员工的发展空间。

这也“迫使”经营者一定要建立包容性很强的企业文化，自己也会意识到经营者的威望在于他创造出来的成就和能够让员工创造出更多的成就，而不是因为自己是这个企业的投资者。因而在企业更要讲求民主集中制。

（3）在企业实行有效的激励措施。

①给予每位员工的工作要富有挑战性，挑战性的工作更能激发员工的工作热情，员工总会想方设法去完成。

②要让每位员工感觉到自身工作的价值，让每位员工知道为什么而工作，以增强他们工作的自觉性和责任感。

③薪酬激励方式要因员工而异。

④对企业高层经理、技术骨干可以采取每年给予相应股票的方式来分享企业的经营成果，以激励他们努力工作和产生强烈的归属感。

⑤企业要让每位员工有更多机会接触和了解与工作范围相关的前沿

信息，有意识地为他们提供更多的与同行交流学习的机会和培训机会。

⑥企业要尊重每一位员工的个性，让每一位员工有发挥自己个性的空间。

⑦企业要信任员工。充分信任员工是激励员工努力工作的前提。

（4）建立在职领导休假制度。

在职领导在休假期间的工作由他人暂时接替，这样做的优点在于：①有利于及时发现在职领导过去管理上的缺陷，以便及时纠正。②有利于增加工作的透明度和增强在职领导的责任心。③有利于在职领导的身心调整，消除工作疲劳，是爱护干部的措施。④有利于培养在职领导对企业的感情，增强在职领导对企业的归属感和忠诚感。

（5）要“以人为本”。

作为企业的经营者要会用人，要知人善任，要兼收并蓄，要允许自己的下属比自己强。作为领导者不一定自己要在某些方面很强，但他一定要能用在某些方面很强的人，同时必须要以诚待人，为他的工作提供尽可能好的环境。

（6）圆企业骨干们的创业梦。

如果企业建立起一个好的机制，让每个员工在企业内部有充分的发展空间，实现他们自己心中的梦想，企业人才流失的现象就会大大减少。

现在有能力的人，都想自己创业，企业应该帮助他们。企业通过实行内部股份制改造，一方面可以帮助那些有能力的人（或企业骨干）实现创业梦；另一方面也为企业留住了人才，包括留住企业骨干。但让员工入股，钱从哪里来？让员工自己掏腰包显然不合适。

可以采取以下办法。假定员工的收入分为四大块：基本工资、加班费、业绩奖、年终贡献奖。基本工资是不能动的，按月发给员工；后三块可不发，累加起来作为员工的股本金。这其中以年终贡献奖所占的比重最大。对于这一块，企业可以再规定，如员工在本企业做，年终贡献奖有其一份，一旦员工离开了本企业则不再有年终贡献奖，这有点儿像国外的期权。享受股份的只到部门副经理级别，以及那些对企业有突出贡献的员工（包括技术骨干，为企业赢得声誉的一般员工，劳动模范等）。到年底看企业效益，按股分红，红利也不发到个人手上，再累加到原来的股本上形成新的股本金。依此类推，个人的股份便越滚越多。

当上述办法在企业执行 2～3 年后，就可能会有越来越多的员工因看不到红利现金，而感觉心里不踏实。这时，企业可考虑第一轮按股本金的实际年存款利息兑换成现金发给员工个人。比如，一个员工有 20 万元股本金，假定当年企业分红利给他 2 万元，当年的银行年存款利息是 3%，那么 20 万元的年存款利息是 6000 元，这 6000 元发给员工个人，企业红利中剩余的 14000 元仍不发，继续与原来的股本金累加在一起，作为新的股本金。

上述办法再执行 2～3 年后，企业又可以考虑第二轮按股本金的实际年存款利息兑换成现金后发给个人（或兑换成现金后双倍发给个人，视情况而定）。其运作方式与第一轮运作相同。

这样，企业经过 4～9 年的按股分红及红利累加，企业员工股就可以占到企业总股本的 30% 以上，企业的骨干层就会成为这个企业的股东。

当然，当员工的基本物质需求获得满足之后，就会有自我价值的实现等更高层次的需求。企业就应努力地为他们创造条件，尽可能地帮助他们获得这种需求。比如，对于能力特别突出的人才，可以由其组建子公司，除他自己提供少量的风险资金外，其他均由企业提供，并全程监督协助配合。这样一来，既留住了人才，又使企业的业务得以拓展。另外，还可以每年都组织部分优秀员工到国外去学习考察，一方面可以作为一种奖励方式，激励更多的员工争做优秀员工，促进企业的发展，增强企业的凝聚力；另一方面也可以开拓员工的视野，有利于企业今后的发展。

三、如何对员工进行激励

对企业员工激励的目的就是激发他们工作的热情，激发他们工作的积极性和主动性，激发他们为企业创造更多的利润，促进企业的发展。

在一些企业，员工的工作条件很好，但给员工的工资待遇一般，员工的工作热情和工作的积极性也随之表现出一般水平。

▲要点提示1：什么是激励因素

在这里，问题的关键不在于给员工多少，而在于企业给员工什么，这才是能否激励员工的关键。

要激发员工工作的积极主动性，就要靠激励因素。所谓激励因素，简单地说是指能够从根本上激励员工的因素，一般包括：工作成就、领导赏识、高薪报酬、富有挑战性的工作任务、工作的责任感等。

在实际工作中，与激励因素同时存在的另一类因素就是保健因素。所谓保健因素，简单地说是指只能消除工作中的不满情绪，不能从根本上激励员工的因素，一般包括企业管理监督的方式、组织政策、员工的工作条件、一般报酬、企业人际关系状况、职业的稳定性状况等。

这样我们就能很清楚地看到，一些企业给予员工的大多是保健因素，而不是激励因素。因此，也就很难激发员工的工作热情和工作积极性。

▲要点提示2：如何才能激发员工的工作积极性

那么，企业到底要给员工什么，或者说满足员工什么样的需求，才能激发员工的工作积极性和工作的干劲？

我们可以将企业员工的需求分为三类：一是自我生存需求，即满足自我生理需求和安全方面的需求；二是人际关系需求，即与人际关系及社会结构有关方面的需求，如希望自己被爱、有人需要自己和得到他人的承认等；三是自我成长的需求，即对被尊重的需求和自我价值实现的需求。

首先要明确的是，员工的激励状态取决于其主导需求（或渴望得到的需求）是否得到满足。所谓主导需求（或渴望得到的需求），是指在员工各种需求中占主导地位的需求。

在一个企业中，员工的主导需求（或渴望得到的需求）主要表现在：希望自己获得满意的高薪报酬，希望自己被关爱，希望自己得到他人的承认和赞赏，希望自己受到尊重和实现自我价值。企业只要满足了员工的主导需求，就能激发员工的工作积极性和工作的干劲。

在实际的操作中，企业应注重采取以下方式，以激励员工的工作热情和工作的积极主动性。

（1）目标激励。

大多数员工都有工作成就感的需求，希望自己不断取得好的工作业绩，不断取得成功。成功的标志之一就是实现了自己的工作目标。如果企业的各级领导能有针对性地为下属员工确定一个合适的工作目标，并为其实现目标提供尽可能多的支持，就能充分发挥其主观能动性和创造性，从而起到很好的激励作用。

（2）高薪激励。

所谓高薪激励，是指企业支付给员工的工资薪酬比其他企业相同岗位所支付给员工的工资薪酬要高，员工自己是比较满意或满意的，从而激发员工工作的积极主动性。虽说员工报酬在一般情形下属于保健因素，但当员工自己觉得获得的是高薪报酬，感觉满意时，原来的保健因素就可能转化为激励因素。

当然，如果企业受到资金实力方面的限制，在员工薪酬制度的设计上，也可以采取用较低的基本工资加上较高的绩效奖金的方式，对一线员工进行有针对性的工作技能（或业务技能）培训，通过这种培训，以确保很多一线员工，通过努力工作后能够获得较高的绩效奖金。采用这种方式，也能起到高薪激励的效果，从而激发员工的工作积极性。

对于企业急需的专业技术人才、管理和市场销售方面的人才，企业还可以采取股权、股份期权等长期激励方式来激励他们努力的工作。

（3）精神荣誉激励。

所谓精神荣誉激励，是指企业对员工在工作中的良好表现和员工的贡献予以公开的承认、赞赏，并给以相应的荣誉，这样可以满足员工的自尊需要。另外，还可在企业内部开展员工业务竞赛评比活动等，以达到激励员工的目的。

（4）民主化管理激励。

企业应该推行较为民主化的管理，让员工参与本部门工作目标，甚至企业目标的制定；参与针对客户的策略，企业产品价格等政策的制定。企业经常向员工发布相关的信息，如企业的盈利信息，企业的新产品开发信息，本行业的发展信息等；企业高层定期与员工进行面对面的沟通交流，倾听企业员工的意见和建议，用心帮助他们解决在工作和生活中遇到的问题和困难；向他们介绍企业的发展战略，使企业员工感受到爱，感受到尊重，感受到自己是企业的主人。从而达到激发员工工作热情和工作积极性的目的。

（5）感情激励。

对企业员工的感情激励，就是要求企业的各级领导要关注下属员工的感情需要，关心他们的心理感受和家庭生活等，尽可能地帮助他们解决在生理和心理需求上遇到的问题，使他们在工作时能始终保持舒畅愉快的心情，以便有利于企业员工产生好的工作效果。

另外，在激励员工的过程中，还应注意遵循以下原则。

（1）目标的可实现原则。

企业在采取目标激励方式对员工进行激励时，要求各级领导为自己的下属所制定的目标必须是下属员工经过努力后可以实现的。这就要求企业的各级领导要根据下属员工的工作能力（以调研为基础），结合上年度的工作情况，有针对性地确定一个合适的工作目标，这个目标是下属员工经过努力之后才可以实现的。如果目标定得过高，让下属员工望而生畏，就可能会出现放弃努力的情形；如果目标定得太低，那样就可能会使下属员工产生懒惰的情形。因此，企业在采取目标激励方式对员工进行激励时，应注意遵循目标的可实现原则，这样才会对企业员工起到应有的激励作用。

（2）公平原则。

企业在对员工实施激励时，应做到组织内部公平，即员工个人的工作所得与工作付出相匹配，与企业内其他员工比较相协调。

企业员工在衡量自己所得的报酬是否公平时，主要考虑三个因素：一是本企业其他工作岗位的员工收入；二是本企业其他同类岗位员工的收入；三是类似企业同类工作岗位员工的收入。总之，员工大多喜欢与一个和自己条件大体相同的人所得的报酬进行比较，在比较的基础上，感受自己是否受到企业的公平对待。如果员工的内心感受是公平的，其工作的积极性就高，激励水平就高；反之，其工作的积极性则低，激励水平则低。

（3）差异化原则。

所谓差异化原则，是指针对企业中具体的人和事，按照员工的贡献大小、工作岗位的重要性及强弱状况和其他因素的综合考虑，来共同决定采取什么样的激励方式，体现出因人、因事、因情形而异的激励方式的多样性及灵活性；其目的是保证激励所产生的效果。比如，一些企业在设计薪酬制度的过程中，尽可能地对少数核心优秀人才给予足够的关注，甚至可以考虑保证少数几个关键人才的薪酬水平高于市场平均水平很多，即获得超过他们自己期望的超高报酬，来吸引他们全身心地投入其所从事的工作之中，激发他们的工作热情，以便尽快创造出令人满意的业绩。

（4）节约成本原则。

所谓节约成本原则，是指企业在实施有效的激励时，要考虑把激励所花费的成本和有可能产生的激励效果结合起来，既要有利于节约成本，又要有利于产生良好的激励效果；尽可能用最少的成本，产生企业所需的较大的激励效果。

四、如何使企业的每一位员工都发光

（一）把企业的每一位员工都视作人才

▲要点提示1：什么是全员人才观

企业应树立全员人才观。所谓全员人才观，是指企业对员工进行层次化管理，加大对员工的有效关注力度。企业重视每一位员工，就是要尊重员工的个性，从而激发每一位员工的潜能，为企业的发展所用。

企业可以将员工细分为技术型人才（如工程师、设计师等）、管理型人才（如车间主任、班组长、各部门经理等）、外向社交型人才（如业务员、采购员等）和熟练型人才（如工人完成某项工作的熟练程度和高质量的保证程度等）等，然后再对他们进行系统地、有针对性地管理。这样，就有可能造就企业所需要的各个层次的人才。

企业对于人才评定标准的设立，应尽可能地量化和容易判断。比如，一个高等级的业务员人才，可以依据以下三个方面来评定：①一定时间内，销售产品的数量比较多，即业绩比较好；②所销售的产品大多以比较高的价格销售给顾客，企业获利相对比较多；③所发展的顾客回头购买率比较高。

▲要点提示2：对企业员工进行“动态档案”管理的具体做法

在实际的操作中，企业进行层次化管理的方法很多，但很重要的一点是，企业要保持对员工的长期“关注”，因为人是容易产生惰性和懈怠感的。企业对人才进行长期有效的关注，可采取对企业的每个员工进行动态的“档案”管理的办法。它是对企业员工的思想、学习、工作业绩、工作能力、对企业的贡献及工作中出现较大失误的适时管理，其作用是，让企业的每位员工（或人才）都清楚地知道，企业领导对每位员工都很看重，每位员工的工作成果都能得到承认，从而激发员工的成就感和归属感，进而提高员工对企业的忠诚度。

具体做法如下：

一是档案的书写内容，可以分为两个部分，即员工的自我工作评价和企业内部对员工的公开评价两个部分。在企业内部对员工的公开评价这个部分，又分为同班同组员工之间的互评、同部门员工之间的互评、车间或部门领导的评语。这些评价均放入企业的计算机系统，企业的员工可以随时查看。企业这样做，实际上就是将每一位员工在工作中的成绩、对企业的贡献和在工作中出现的较为明显的失误均展示在企业所有员工面前。这样一方面可以促进在工作中有明显失误的员工能够及时纠正工作中的失误，同时还会引起他足够的注意，避免类似的失误再次发生；另一方面也可以激励那些在工作中业绩突出、对企业贡献较大的员工更加努力的工作。

二是员工档案的记录与更新。在一般情形下，只要这个员工在本企业工作，他的档案就存在本企业的计算机系统内。

企业除及时将每一位员工的自我工作评价和企业内部对员工的公开评价记录进员工的档案外，对其他一些情形也应予以及时地登记。比如，一家服装企业的服装设计师，所设计的某款服装非常畅销，为企业创造了很多的利润，企业应该及时地将他对企业的这种贡献记录在他的档案之中；又如，他所设计的服装获得了某国际性的大奖，为企业争得了荣誉，企业就应该及时地将他的获奖和为企业所争得的荣誉记录在他的档案之中，像这样的专业人才，企业也可适时地委以重任，如出任企业设计部经理或总设计师等。另外，员工的特长也应记录在档案中。

员工档案内容的更新可根据员工工种和具体部门的不同，分月、半年或一年进行档案内容的更新。一般的工作岗位大多按月更新，但保留较为重要的内容，如员工的特长、员工对企业的重大贡献等内容，包括员工代表企业参加比赛获得大奖，为企业争得了荣誉等。

三是企业在员工档案的设计上，尽量做到简便、容易操作，如企业可以把员工的档案设计成填空式、问答式、作文式等多种形式。

（二）培养员工单纯化的思想

要使企业的每一位员工都发光，要让企业的员工将所有的精力都投入工作中，就必须培养员工单纯化的思想。

企业应特别注意培养员工单纯化的思想，尽力将员工的精力最大限度地引导到工作上，不允许企业内部出现复杂的人际关系网、情感网，更不允许记恨或打击报复的情形出现。企业要为员工创造出一种和谐宽松的交流环境，在工作中，每位员工都可以自由地表达自己的思想和看法，要支持、鼓励员工坦率地发表自己的看法，要鼓励、提倡员工说话直来直去，毫不掩饰自己的观点，使员工不用去琢磨如果说错了话或说出了一个与众不同的想法，就会影响自己的发展前途。

企业应力求避免员工把自己的精力消耗在毫无意义的应酬和言语上，从而促使每一位员工，不论是即将退休的老员工还是企业的技术骨干，不论是企业的高级人才还是一般管理干部，不论是企业的高层领导还是普通员工，员工在工作中的思想表现均是单纯化的，想的均是同一性质的问题，即怎样最大限度地把自己的精力投入到工作中去，怎样才能使自己的本职工作做得更好。

（三）对企业的人才实行个性化管理

▲要点提示3：什么是人才的个性化管理

所谓人才的个性化管理，是指企业对员工（或人才）实行分门别类的管理；企业可将每位员工的性格划分为内向型、内外向结合型、外向型等多种类型，然后有针对性地实行管理。如性格外向的人，适合从事执行类的工作，像企业业务的市场开拓、人际关系如何协调等工作；而性格内向的人，适合从事研究类的具体工作，像企业的产品研究开发、产品的质量检测等工作。

对企业员工（或人才）实行个性化、差异化管理的首要条件是区分、划分员工所属的类型，这需要企业的管理者对每一位员工进行较为深入的研究和综合分析，才会做出较为准确的判断，才能用好每一位员工（或人才）。

▲要点提示4：企业对员工实行个性化管理的具体做法

企业在对员工（或人才）实行个性化管理的具体操作中，可采取以下做法。

（1）企业可以按照员工的性格、学历、专业、知识结构状况，按照员工的工作经验、综合素质状况等多种要素设计出一个人才模块，根据每位员工的实际情况，将每位员工安排在所对应的人才模块位置的工作岗位上进行试用，试用期一般为3个月。若对员工进行试用后，员工在该工作岗位上表现良好，说明员工比较适合在该工作岗位上工作，可以安排员工在该工作岗位上工作；如果对员工进行试用后，员工在该工作岗位上的表现不理想，可以对员工的工作岗位进行调整，再试用或通过有针对性的培训学习后再试用。相信在企业的工作岗位中，总有一个工作岗位是适合该员工的。

（2）企业可以针对员工的性格特点、社会关系、人际交往能力、特长等诸多要素进行综合考察分析，将其进行分类，尽量将员工安排在比较适合他的工作岗位上工作。

（3）企业还可以根据员工的性别、年龄、身体状况、智商、情商状况等要素进行综合系统的分析，将他们进行区分，并尽可能将每一位员工安排在比较适合他的工作岗位上工作。

（四）企业实施奖惩公开制度

企业在对员工（或人才）进行奖励或者是批评时，最好是采取正式的、严肃的，并且面对大家公开的方式进行。这样会有利于员工（或人才）工作效率的提高。

由于人是具有荣誉感和耻辱感的生命，在公开的大众面前，这种感觉尤其强烈。企业领导正式、大声地在众多员工面前奖励和赞扬受奖的员工，能使该员工获得极大的心理满足，可以缓解该员工因工作带来的心理压力，激励该员工再接再厉，继续努力工作。同样，在坐满员工的会议厅或办公室里，严厉地批评表现较差的员工或在工作中出现较大失误的员工，更能促使被批评的员工进行深刻的自我反省和检讨，促使他尽快地想办法摆脱在工作中表现较差的状况，及时地纠正在工作中的失误，引起他足够的注意，避免再发生类似的工作失误。

对于现场众多的旁听员工而言，一方面可以从受奖励的员工方面得到鼓舞，促使他们以受奖励的员工为榜样，积极勤奋的工作；另一方面可以从被企业领导批评的员工身上吸取教训，促使他们尽可能地避免自己也被企业领导进行批评的情形出现。总之，实施奖惩公开的制度有利于员工改善自己工作，从而提高企业的工作效率。

（五）在员工之间开展互评活动，打造学习型企业

在一个企业中，经常组织班组与班组、车间与车间、部门与部门、员工与员工之间的互比互学活动，员工在工作岗位上的工作由他人来评议，反过来，员工又对他人的工作进行评议。换位思考，站在不同的角度看问题，所扮演的角色不同，员工所想的、所评议的自然也就不尽相同。通过举办这种互评活动，员工之间、班组之间、车间之间、部门之间的这个“干”与“评”的过程就能转化成员工之间、班组之间、车间之间、部门之间相互学习和相互促进的过程，进而促使企业上下形成

一股浓厚的学习风气和氛围，从而将企业打造成学习型企业。

所谓学习型企业，是指企业根据自身的阶段性目标，组织企业各类人才（或员工）进行有针对性的培训和学习，从而顺利实现企业的这一阶段性目标。这种人才（或员工）的学习可以是在岗学习、离岗深造学习、相互评比学习、参观学习、专家现场培训学习，总之，要使学习成为人才（或员工）创造力及工作创新激情的永不枯竭的源泉。学习的目的就是要使企业所有的员工都能知道企业的经营意图，并自觉地形成一种合力，达成一种共识，认真出色地完成各自的本职工作，从而加大企业领导者的领导力和执行力，使企业稳健地朝着既定的目标前进；尽可能地减少因员工对企业经营意图的误解和工作中的失误给企业前进带来的阻力。

▲要点提示5：在打造学习型企业的操作上要注意什么

另外，在打造学习型企业的具体操作上，尽量做到有针对性。比如，企业可以对在产品设计上和产品生产过程中出现的新难题、新问题进行必要的分类，组织企业的技术力量攻关或请行业内的相关专家来破解这些新难题和新问题；等这些新难题和新问题得到有效解决，再及时组织企业内部相关部门单位的人员进行有针对性的学习。“不仅要多问几个为什么，也要多问几个怎么做”。这样的学习会使员工收获很大，能迅速提高企业的发展能力。

（六）企业要使员工树立起认真踏实的工作态度

在一家连锁餐饮企业，为了使员工树立起认真踏实的工作态度，企业要求为顾客提供现场服务的员工，对顾客吃下的剩菜切下一小块进行品尝，以判断确认，到底是餐馆菜做得不好吃，还是因为客人吃饱后而剩下的。如果发现是前一种原因，员工就会立即向顾客道歉，并告知餐馆厨师迅速重新做好一份献上。同时，企业要求做菜不好吃，致使顾客出现很多剩菜的厨师进行反思和检讨，查找原因。因此，这家连锁餐饮企业的服务质量一直是所在城市中最好的，生意也非常兴隆。

企业要求员工在任何时候都应该以最认真、最踏实、最兢兢业业的态度对待自己的工作，一丝不苟，精益求精，最大限度地把本职工作做好。这样才能更好地促使员工在工作岗位上发光，才能更好地保证企业的工作质量和工作效益，也才能更好地促进企业的发展。

一个人有了这种认真踏实的工作态度，就能在企业内稳健立足；一个企业有了这种认真踏实的工作态度，就能在行业内稳健立足。

很多人认为，一些创造一流产品的企业，是因为有一流的技术。其实，这些创造一流产品的企业不仅仅是因为有一流的技术，更多的是因为员工认真踏实的工作态度和敬业精神。因此企业要注意培养员工认真踏实的工作态度和敬业精神，为企业的稳健发展和走向世界打下坚实的基础。

一个企业只有营造出科学和人性化的用人环境，充分考虑和发挥员工的自身价值和社会价值，才能更好地促进企业的每一位员工在自己的工作岗位上发出明亮的光来。